# RECHERCHES

SUR LES

# EAUX MINÉRALES

## DE CAMPAGNE ( Aude. )

Térome)

Dessiné et lith. par J.B.B. Rouch.                                                                                          Lith. Constantin, r. de la Fusée 19, Toulouse.

1. Établissement primitif.          2. Hôtel nouvellement construit.          3. Chapelle.          4. Remises et Écurier.          5. Route Royale de Toulouse à Perpignan.

**VUE DES BAINS DE CAMPAGNE** (AUDE)

# RECHERCHES

SUR

# LES EAUX MINÉRALES

## DE CAMPAGNE (Aude),

AVEC UNE

## ANALYSE DE CES EAUX,

### Par M. BALARD, *(Antoine-Jérôme*

Chevalier de l'ordre royal de la Légion d'Honneur, Professeur de Chimie à la Sorbone
et Membre titulaire de l'Institut de France,

SUIVIE D'UNE

# NOUVELLE ANALYSE

De M. BORREL, Pharmacien-Chimiste,

### Par le Docteur J.-B. Bonnafoux.

Les services que les Eaux Ferrugineuses rendent à
l'humanité, doivent leur concilier l'estime et la
reconnaissance des Médecins habitués à exercer
leur esprit et à former leur pratique.

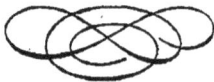

## LIMOUX.

CHEZ J. BOUTE, IMPRIMEUR-LIBRAIRE.

## 1846.

# A mes Confrères les Médecins.

Messieurs chers et honorés CONFRÈRES,

Depuis neuf ans que j'ai eu l'honneur de vous adresser mes Recherhes sur les Eaux Minérales-Ferrugineuses de Campagne (Aude), des cures nombreuses se sont annuellement succédé et sont venues corroborer l'opinion que j'avais émise sur leurs propriétés thérapeutiques. A l'époque où je publiai mon premier Mémoire (1837), les eaux de cet établissement thermal étaient peu connues de la plupart d'entre-vous; mais aujourd'hui elles le sont presque de vous tous, et elles me paraissent dignes de fixer plus fortement encore votre attention.

L'établissement dont je m'occupe va progressant toutes les années, et tout me fait espérer qu'aidé de votre puissant concours, nous parviendrons sous peu de temps à élever, au département que nous habitons, un des thermes les plus utiles et les plus agréables qui puissent exister sous le beau ciel de notre Midi.

Les Eaux de Campagne ont eu à lutter jusqu'ici contre des préjugés aussi injustes qu'erronés ; mais les faits pratiques qu'elles ont produit, et les progrès que la science a fait depuis, sur l'étude des eaux minérales, en éclairant nos esprits, ont dû les détruire complètement. Je ne dirai donc plus rien des quelques degrés de caléfaction qu'elles réclament, dans certains cas seulement, ni des principes minéralisateurs qu'on pensait qu'elles pouvaient perdre. Je me bornerai simplement à dire quelques mots et à détruire une prévention qui existe encore pour le public ; mais qui, j'ose le croire, n'est partagée par aucun de vous, parce que vos talents et votre expérience vous mettent à l'abri d'en douter.

Il est beaucoup de personnes qui disent qu'administrées en bains, les eaux de Campagne ne jouissent d'aucune propriété, et qu'il vaudrait tout autant prendre un bain de rivière que de se tremper dans ces eaux.

Il ne me faudra pas un bien grand effort d'imagination pour faire tomber une erreur qu'ont généralement et successivement subi les eaux minérales de France les plus célèbres et les plus efficaces, telles que celles de Vichy, Bagnères, etc., etc., et que repoussent d'ailleurs les résultats de l'analyse ; puisque, à part les 108 centimètres cubes d'acide carbonique, 2 centimètres cubes d'oxigène et 20 centimètres cubes d'azote, chaque litre ou 1,000 centimètres cubes de l'eau de Campagne contient 0,788 de principes minéralisateurs. Aussi, de deux choses l'une, ou les eaux de Campagne, prises en boisson, produisent des résultats, ou elles n'en produisent aucun. Si l'on reconnaît que, prises à l'intérieur, elles soient propres, par leur nature et leurs principes constitutifs, de modifier, de détruire même tel ou tel état pathologique, on doit admettre forcément, qu'administrées en douches et en bains, elles doivent opérer de la même manière.

Bien que cet argument me paraisse sans réplique, je n'ai voulu laisser aucun doute dans l'esprit de personne; et les expériences sur l'absorption des eaux de Campagne, auxquelles je me suis livré de concert avec M. BORREL, pharmacien-chimiste distingué à Limoux, vous feront connaître la quantité de principes minéralisateurs qui peuvent être absorbés par le corps de l'homme, pendant l'immersion. J'ai consigné ces expériences dans la troisième partie de mes recherches, aussi utiles qu'instructives; elles peuvent nous amener à des considérations thérapeutiques de la plus haute importance, et nous assurer des ressources que nous ne trouverons pas toujours dans nos arsenaux médicamenteux.

La première édition de mes recherches sur les eaux de Campagne se trouvant tout-à-fait épuisée, j'ai cru devoir en donner une seconde et opérer des changements importants, surtout dans la partie clinique.

Les idées qui me dirigèrent d'abord, sur la manière d'agir des eaux minérales-ferrugineuses, ne sont plus les mêmes pour moi : les divers cas morbides qui sont passés sous mes yeux, les travaux récents de bon nombre de nos confrères, tant français qu'étrangers, et plus fortement encore les réflexions que j'ai faites sur le rapport que le savant VENEL dressa sur celles de Campagne, il y a bien près d'un siècle, ont dû nécessairement contribuer à modifier et à changer même ma première opinion. Vous allez me demander, si je ne me trompe, un compte sévère de ce changement. Est-ce, me direz-vous, pour jeter la perturbation dans les croyances médicales? ou pour vous poser en réformateur? Ni l'un, ni l'autre, mes chers et honorés confrères. Tout ce que je désire, tout ce que j'ambitionne, c'est de vous soumettre mes méditations, de vous réunir à moi pour la recherche de la vérité, pour l'appréciation des faits qui résultent de l'usage des eaux minérales; et, comme les hommes ne sauraient jamais si défier assez de leurs impressions personnelles dans ces sortes d'appréciations, je fais un appel à vos lumières. Je suis persuadé d'avance que vous y répondrez, et que de l'unité que nous allons former il ne pourra en découler qu'un bien immense : celui de la science et de l'humanité.

Malgré les progrès que la chimie n'a cessé et ne cesse d'imprimer, tous les jours, aux eaux minérales, elle est loin, bien loin de nous avoir tout dit, tout appris; nous avons beaucoup à faire encore pour arriver à connaître, d'une manière définitive, toutes leurs propriétés thérapeutiques; et ce ne sera qu'avec le temps et à l'aide d'une étude réfléchie et consciencieuse que nous pourrons atteindre ce but.

Ne nous avait-on pas dit et répété qu'il n'y avait que les eaux thermales alcalines, comme celles de Vichy, par exemple, qui eussent à elles seules la propriété de dissou-

dre les graviers et les petits calculs de la vessie? *Et si
nous avons ajouté une foi aveugle à cette assertion; si
nous avons cru trop facilement aux hommes, honorables d'ailleurs, qui l'ont admise et proclamée, c'est
parce que nous n'avons jamais eu la force de vaincre
notre paresse; que nous n'avons jamais voulu sortir des
limites qu'ils nous avaient fixées, ni dépasser le temps
d'arrêt qu'ils avaient marqué à la science. Cependant
les eaux minérales, ferrugineuses, salines et carbonatées
partagent, avec celles qui contiennent des bi-carbonates
alcalins, ces mêmes propriétés. Je sais bien que je ne
serai pas cru sur parole, je ne me le dissimule point;
mais, lorsqu'on aura répété les expériences que j'ai faites à ce sujet et desquelles je parlerai dans le corps de
mon travail, on demeurera peut-être convaincu de ce que
j'avance.*

De plus, j'ai à m'occuper un instant avec vous, mes
chers et honorés confrères, du peu de résultat que les
malades retirent des bains thermaux, et que ces malades, comme nous-mêmes, ne manquent pas de regeter
sur le compte des eaux minérales.

Est-ce avec quatre, huit, dix bains qu'on pourra
faire disparaître une affection grave et longue? *Non,
certainement non;* et si le célèbre BORDEU n'avait pas
dit que plus la maladie est longue et opiniâtre, plus la
médication qu'on lui applique doit l'être, la froide raison
d'abord, et puis un de nos savants confrères, M. BAU-
DENS, à qui le Gouvernement a confié la direction de
l'un des plus importants établissements d'eaux minérales, seraient venus nous l'apprendre.

*Connaissez-vous la méthode qu'a adoptée notre hono-*
*rable confrère, lorsqu'il soumet un de ses malades au*
*traitement des eaux minérales ? La voici, elle me paraît*
*aussi logique que rationnelle :*

*Les rhumatismes, les névralgies et les paralysies*
*chroniques tiennent le premier rang parmi toutes celles*
*qui réclament l'emploi des eaux thermales.*

*La science du médecin, dit M. Baudens, est de savoir*
*reconnaître les circonstances où il est utile de se servir*
*de la médication excitante avec les eaux chaudes (38*
*degrés centigrades et au-dessus ), ou bien de la médica-*
*tion sédative avec les eaux tempérées, et d'adopter l'une*
*et l'autre médication aux diverses phases de ces maladies.*

*Toutes les fois qu'un de ses malades se présente avec*
*des signes plus ou moins prononcés d'inflammation,*
*le Médecin en chef de l'hôpital de Barèges a recours a*
*l'usage des eaux tempérées ; et si, au contraire, il s'a-*
*perçoit qu'il y a rémission complète de toute réaction in-*
*flammatoire, il recourt de prime-abord aux eaux chau-*
*des ; mais il a le soin de faire observer que certaines de*
*ces affections vivent dans un état d'exaspération perma-*
*nente qui réclame l'usage préalable des eaux tempérées,*
*et que ce n'est que lorsque le calme est bien établi qu'il fait*
*un appel aux eaux chaudes, en y arrivant toujours*
*graduellement et avec prudence.*

*En présence de ces faits, et surtout avec des maladies*
*aussi sérieuses que rebelles, je demande maintenant si*
*nous pouvons obtenir des résultats décisifs d'une médi-*
*cation qu'on ne suit que d'une manière si incomplète.*

*Pour retirer donc de la médication thermo-minérale*

tout le fruit que nous avons droit d'en attendre, nous devons la continuer dans toute l'étendue voulue, et assujettir nos malades à séjourner long-temps dans les établissements de cette nature, pour leur faire prendre une nombreuse série de bains ; et si M. Baudens retire de si grands avantages des eaux de Barèges, il ne le doit qu'à la persévérance qu'il met dans leur administration.

Il vaut bien la peine que nous nous occupions de cette branche importante de thérapeutique ; car, si les calculs d'un écrivain qui s'occupe beaucoup d'eaux minérales sont exacts, plus de vingt millions de francs sont annuellement dépensés, en France, par le nombre de malades qui fréquentent les différents établissements thermaux.

Je diviserai mon travail en six parties : dans la première, je tracerai l'histoire des eaux de Campagne; dans la seconde, je décrirai leur statistique physique et médicale; dans la troisième, je traiterai leur analyse chimique; dans la quatrième, je m'occuperai de la partie clinique; dans la cinquième, je ferai connaître la manière d'en faire usage sur les lieux ou ailleurs, ainsi que le régime et la conduite à tenir en les prenant; et dans la sixième, enfin, je consignerai une série de faits qui constatent leurs propriétés médicales.

# RECHERCHES

SUR LES

# EAUX MINÉRALES

DE

## CAMPAGNE (Aude.)

## Première Partie.

### Histoire des Eaux Minérales de Campagne.

—

On me dispensera, sans doute, de remonter aux premiers âges du monde pour y découvrir l'origine des eaux thermales de Campagne. Tout ce que je puis affirmer, c'est que ces eaux sont aussi anciennes que celles des Bains de Rennes, puisqu'elles proviennent de la même source. Cette opinion, quelque étrange qu'elle puisse paraître, n'en est pas moins positive ; elle m'a d'abord été suggérée par les idées d'Anglada, professeur célèbre, qu'une mort prématurée a trop tôt enlevé à la faculté de médecine de Montpellier ; plus

tard, par les notions géologiques qu'a publiées M. Lecoq, professeur d'histoire naturelle à Clermont, sur
les eaux minérales de l'Auvergne, et sur celles de
Vichy en particulier, et ensuite par un examen attentif des montagnes de Rennes et de Campagne.

En effet, pour être convaincu de l'opinion que j'é-
mets, il n'y a qu'à étudier la position respective des
lieux, la considération des niveaux, les rapports que
l'on trouve dans les principes constitutifs de ces deux
thermes, malgré leur différence de température.

Rien n'est donc plus familier, dit le professeur Anglada, que de voir, dans une même localité et sur une
grande surface, soudre, assez loin les unes des autres, diverses ramifications d'une même eau thermale,
avec des températures très différentes : le rapproche-
ment des sources, la direction de leur cours, l'identité de constitution chimique qu'on leur découvre, tout
concourt à les faire envisager comme autant de rameaux d'une source commune ; tout fait présumer que
ces rameaux, dont la bifurcation a pu s'effectuer plus
ou moins près de la surface, doivent ces différences
de température, soit à la longueur du trajet que chacun d'eux a eu à parcourir, soit au volume du filet
plus ou moins facile à refroidir, peut-être encore à
la nature plus ou moins conductrice des couches par-
courues.

Les remarques curieuses qu'a faites M. Lecoq, sur
l'alignement des sources minérales de l'Auvergne et
de Vichy, m'ont amené à de remarques semblables
pour les eaux thermales de nos contrées méridionales.

On sait que la chaîne Pyrénéenne qui sert de limite entre la Péninsule Hispanique et la France, s'étend depuis le *Cap de Cervère* au sud-est de *Collioure*, ou plutôt depuis le *Cap de Creus* près de *Roses*, sur les bords de la Méditerranée, jusqu'à la pointe de *Figuères* près de *Fontarabic*, sur les côtes de l'Océan, suivant une direction de l'est sud-est, à l'ouest nord-ouest. Cette chaîne traverse donc diagonalement les pays situés entre les 12o 28 et 43o 23 de latitude septentrionale, et entre les 16o 52 et 20o 50 de longitude à l'ouest du méridien de l'*île de Fer*. La longueur de toute la chaîne est d'environ 510 kilomètres; sa largeur varie, elle est plus considérable au centre qu'aux deux extrémités de la chaîne; on peut l'évaluer, terme moyen, à 120 kilomètres.

Ce qui frappe le plus tout esprit observateur, sous le rapport géognostique et hydrologique de cette grande et immense chaîne, c'est que toutes les sources minérales qui sortent de son sein sont toutes sulfureuses, tandis qu'au contraire celles qui sourdent à sa base ou non loin de sa base, sont toutes ferrugineuses.

Quelque attention que j'aie pu mettre à lire les auteurs qui ont écrit sur la statistique générale du département de l'Aude, comme de Gensane (1), MM. le baron Trouvé (2), du Mége (3); soit ceux qui se sont le plus spécialement occupés de Rennes-les-Bains (4),

---

(1) **Histoire naturelle** de la province de Languedoc.
(2) Statistique générale du département de l'Aude.
(3) Statistique générale des départements Pyrénéens.
(4) JULIA FONTENELLE. Dissertation sur les eaux minérales con-

je n'ai rien remarqué qui eût trait aux faits que je viens de signaler.

Les eaux de Campagne étaient en grande vénération parmi nos ancêtres : il est prouvé qu'annuellement près de trois mille personnes y venaient trouver un soulagement à leurs maux, et qu'un grand nombre y recouvraient la santé.

L'exhaussement des eaux portées dans de mauvaises baignoires en bois placées dans un local trop élevé, la triste et chétive habitation qui existait vers le milieu du siècle dernier, joints à l'incommodité qu'il y avait d'aller chercher un logement au petit village de Campagne et au bourg d'Espéraza, furent les véritables causes de la décadence de ces bains. Ils se trouvaient dans ce déplorable état quand de Gensane, alors chargé de l'Histoire Naturelle de la province de Languedoc, les visita pour la première fois. Sur les observations de Gensane, le propriétaire s'empressa de faire rétablir l'ancien niveau des eaux ; de telle sorte qu'elles sont aujourd'hui comme les trouva le savant Venel, le 12 juin 1759, lorsque, chargé par le Gouvernement de l'inspection générale de l'ancienne France, il vint à Campagne pour voir les sources et juger de leur mérite.

On a vivement à regretter que ce savant médecin-chimiste n'ait pas laissé l'analyse de ces eaux ; mais son rapport, trouvé dans les archives d'Espéraza, suffira pour faire connaître son opinion.

---

nues sous le nom des Bains de Rennes. Toulouse, 1814. — CAZAIN-TRE. Notice historique sur les eaux thermales de Rennes. Toulouse, 1833.

En 1812, Estribaud, Fréjacques, tous deux médecins d'une grande réputation, et Dominique Reboulh, pharmacien et chimiste distingué à Carcassonne, se transportèrent sur les lieux, en vertu d'un arrêté de M. le baron Trouvé, pour procéder à une nouvelle analyse, analyse qu'ils rendirent publique, non-seulement en la faisant insérer dans les journaux scientifiques de l'époque, mais encore en la faisant comprendre dans la statistique du Préfet de l'Aude.

C'est de cette époque que date la véritable réhabilitation des eaux de Campagne; et je puis avancer, sans crainte d'être démenti, que ces trois honorables confrères ont puissamment contribué à rétablir ces sources dans leur ancienne réputation. Mais ce qui doit le plus les y maintenir, c'est l'analyse que fit, en 1837, un jeune savant, M. Balard (1), alors professeur de chimie de la faculté des sciences de Montpellier, aujourd'hui professeur de chimie à la Sorbonne

---

(1) Je soussigné, docteur en médecine de l'université de Montpellier, de la Société royale des Sciences, ci-devant médecin ordinaire de Monseigneur le Duc d'Orléans, préposé par le Roi à l'analyse des eaux minérales du Royaume, atteste à qui il appartiendra, qu'ayant examiné, sur les lieux, la fontaine de Campagne, j'ai trouvé qu'il serait utile, pour le public, d'employer cette eau minérale en bains; que son abondance, sa température ou degré de chaleur, sa nature ou composition la rendent très propre à cet usage, dans tous les cas où il est question de tempérer, d'humecter, de rafraîchir, et notamment dans les maladies de la peau, dans celles des voies urinaires, dans les maladies naissantes du foie, dans les affections mélancoliques, hypocondriaques, hystériques, les ardeurs d'entrailles, les échauffements de toute espèce et amaigrissements sans causes évidentes, — et surtout que les bons effets de la boisson de ces eaux seront très efficacement aidés, soutenus, augmentés, dans la plupart des cas, par l'usage de ces bains.

et membre titulaire de l'Institut de France ; — et celle, toute récente, de M. Borrel, pharmacien-chimiste à Limoux, et qui, selon moi, ne laisse rien à désirer, dans l'état actuel des sciences chimiques, par la manière dont il a opéré et par l'exactitude qu'il y a apportée.

# Deuxième Partie.

## Statistique Physique et Médicale.

—

À 1,500 mètres du bourg d'Espéraza, et à 1 kilo-
mètre du village de Campagne, dans le plus riant vallon, sous le 19e degré 46m de longitude, et à 42o 54m
de latitude; à 190 mètres au-dessus de la mer au sud,
à 24 kilomètres de Carcassonne, 20 kilomètres de
Limoux, 20 kilomètres de Caudiés et 6 kilomètres
de Quillan, sourdent les eaux minérales de Campagne.

Ces sources, au nombre de trois, coulent sur la
rive gauche d'un ruisseau appelé le *Rioutort*.

L'on arrive à l'une d'elles après un trajet de 74 m.
à travers une belle allée de platanes qui la sépare de
la route royale allant en Espagne par le Col-Saint-
Louis et Perpignan. Cette source, la principale, vul-
gairement appelée *Fontaine de Campagne*, nom que
je lui continuerai, est à trois mètres au-dessous de
l'allée et se trouve à l'abri des inondations occasionnées par les pluies torrentielles qui, dans un instant,
grossissent le *Rioutort*.

La seconde source, presque au niveau du *Riou-tort*, recueillie dans un bassin approprié, servant à l'alimentation des bains, se trouve désignée sous le nom de source du *Pont,* elle est distante de la première de 53 mètres.

La troisième, dont je n'ai nullement fait mention dans mes premières recherches, a été découverte par MM. François et Fontan (1), lors de leur tournée à Campagne, le 17 et le 19 novembre 1840 ; elle se trouve située dans le jardin, sert à l'alimentation des cuisines et à la buvette ordinaire des baigneurs.

Ces sources s'élèvent au travers d'estrades de grès calcaire. On remarque à l'étage supérieur, du terrain crétacé alternant fréquemment avec des marnes fer-

---

(1) A propos de MM. François, Fontan et Balard, je ne puis me dispenser d'insérer dans mon travail la lettre que le célèbre M. Arago m'a adressée, il y plus d'un an, lorsqu'il a appris que je me livrais à de nouvelles recherches sur les eaux minérales de Campagne, et que des circonstances imprévues m'ont privé de publier plutôt :

« Mon cher Concitoyen ,

» J'apprends, avec plaisir, que vous allez publier une nouvelle » Notice sur les Bains de Campagne. MM. Balard, François, Fontan » sont connus dans toute l'Europe : vous ne pouvez avoir de meil-» leurs protecteurs. Sous le rapport physique et médical, leurs » attestations ajouteront beaucoup à la juste réputation dont votre » bel établissement jouit déjà. J'ai reconnu, au reste, qu'il existe » à Campagne d'autres causes infaillibles de succès : la beauté du » pays, la douceur du climat, et surtout les soins éclairés, atten-» tifs et constants du Propriétaire des bains.

» Agréez, Monsieur et cher Concitoyen, l'expression de tous » mes vœux et mes sentiments les plus dévoués.

» François ARAGO.

» Paris, 20 février 1845. »

rugineuses plus ou moins chargées de chaux sulfatée.

M. Oscar Rolland du Roquan, naturaliste de la plus grande espérance et du plus grand mérite, à Carcassonne, a trouvé que le terrain de Campagne et de ses alentours devait être rangé parmi les terrains *miocène* ( terrain moyen ), terrain *éocène* ( tertiaire inférieur ), et le terrain *crétacé*.

Sur la rive droite du *Rioutort*, lorsqu'on arrive par la route royale de Limoux aux Bains de Campagne, on remarque un jardin anglais nouvellement construit, au centre duquel on a pratiqué un grand bassin ; vers le milieu s'élève une petite île que les piétons peuvent aborder facilement par un pont en bois, et les personnes qui aiment la navigation, à l'aide d'un petit bateau en zinc très bien confectionné. Ce bassin peut servir avantageusement aux baigneurs qui aiment à se livrer à la natation.

A 4 mètres de la fontaine de la buvette et en se dirigeant du côté de la route royale, se trouve le premier établissement thermal restauré à neuf : le rez-de-chaussée est occupé par la salle des bains avec 24 belles boignoires en zinc, à quelques-unes desquelles j'ai fait adapter des douches de toutes formes, que les malades peuvent recevoir tout en prenant leurs bains. Au premier étage et au second étage se trouvent un très grand nombre de chambres, bien meublées, à un et à deux lits ; de telle sorte qu'en sortant du bain, les malades peuvent gagner leurs appartements, sans s'exposer aux influences atmosphériques.

Tout près de cet ancien hôtel, M. Gabalda, qui

ne recule devant aucun sacrifice, en a élevé un de nouveau; ce dernier, en harmonie avec nos constructions actuelles, a sa façade en regard de la route royale et n'en est séparé que par un autre jardin anglais.

Sur la gauche et près de la grande route, en allant à Quillan, se trouve encore une maison de roulage avec de vastes remises pour les voitures et les chevaux.

Toutes ces constructions se trouvent entourées, surtout du côté de l'est, par des promenades à labyrinthe qui, remontant sur un plateau complanté en vigne et en arbres fruitiers, présentent aux malades les tableaux les plus riches et les plus variés.

Sur le point culminant de ce plateau, en face des trois habitations, on a élevé une chapelle qu'on a dédiée à *Notre-Dame-de-Bon-Secours*. Cette chapelle, autorisée par Monseigneur l'Évêque de Carcassonne, sert aux personnes pieuses, pour leurs prières, et à MM. les Ecclésiastiques, pour célébrer les offices divins.

Les sources thermales de Campagne sont dominées à l'est par les montagnes de Rennes et le *Pic de Bugarach* dont l'élévation est de 2,222 mètres.

A l'ouest, l'établissement se trouve borné par l'*Aude*. Sur les bords droit et gauche de cette rivière et dans toute leur longueur, s'élèvent de très beaux coteaux recouverts d'arbres fruitiers de toute espèce; ces coteaux, par leur direction à l'ouest, forment le vallon si remarquable des villages de Fa et de Rouvenac.

Au midi, il est limité par les superbes forêts des

*Fanges,* de *Roquefort* et de *Callong,* peuplées de sapins de la plus haute espèce ; par la *Pierre-Lis,* lieu si intéressant sous le rapport de sa position ; et par la grotte qu'on désigne sous le nom de *Trou du Curé ;* par les belles forges du Maréchal Clausel, appartenant aujourd'hui à M. le baron de Larochefoucault ; et par la petite ville de Quillan, devenue l'entrepôt de tout le Pays de Sault.

Au nord, se trouvent le château de Caderonne, domaine de M. Debosque ; plus bas, le bourg d'Espéraza, et à 4 kilomètres, Couiza qui, par la route départementale Nᵒ 12, de Narbonne à Chalabre, traversant les Corbières, pourra devenir le centre du commerce de ces montagnes.

Le climat est, en général, doux ; l'hiver est ordinairement de courte durée ; il tombe peu de neige dans le bas des vallées, et elle s'y conserve ordinairement peu de jours ; — la saison des bains y est presque constamment favorisée par un temps doux et agréable ; les orages sont assez fréquents en été ; les orages proprement dit, c'est-à-dire les explosions électriques sont promptement terminées, sans doute parce que les montagnes, servant de conducteur, aident singulièrement à rétablir, en très peu de temps, l'équilibre des forces électriques ; mais les pluies, qui en sont la suite, durent quelquefois plusieurs jours et refrodissent sensiblement l'atmosphère.

Ce que je viens de dire du climat de Campagne, fait déjà présumer que la végétation y doit être fort belle, je ne l'ai vue nulle part plus riche et plus vigou-

reuse. Les fortes chaleurs qui, dès la fin de juin, des-
sèchent les plaines et les dépouillent de leur verdure,
ce qui établit en quelque sorte, pour ces contrées,
une saison particulière extrêmement triste, intermé-
diaire entre l'été et l'automne, ne peuvent altérer la
fraicheur de la végétation de cette vallée ni de celles
qui l'avoisinent, moins encore le luxe de leur parure;
car ce sol est rafraichi, chaque nuit, par une rosée
bien plus abondante que celle de la plaine, parce que
la différence entre la température du jour et celle de
la nuit est beaucoup plus grande dans ces contrées
que dans les plaines.

Les affections morbides, qui se montrent le plus
généralement dans les contrées que je décris, sont
les cathares, les pleuro-pnemonies, les pneumonies,
la toux, la dyspnée, la phthisie, les fièvres aiguës,
les rhumatismes, etc, etc. Les maladies épidémiques
qui, de temps à autre, sévissent d'une manière plus
ou ou moins intense sur les populations des plaines du
département, exercent peu ou point d'action sur celles de nos localités. Lors de son invasion, le choléra
n'y fit aucune victime. Néanmoins, la grippe y a régné assez fortement en 1837, ainsi qu'une épidémie
de dyssenterie qui, tout récemment, à jeté la désola-
tion parmi les habitants de la petite ville de Quillan.

Sous le rapport des professions, il est une classe
d'hommes qui est digne d'attirer l'attention du médecin,
à la fois philosophe et praticien : je veux parler des
*radeliers*, c'est-à-dire des hommes qui s'occupent spécialement de réunir en trains les bois de construction,

et qui, par le flottage, viennent alimenter les départements de l'Ariége, de la Haute-Garonne, de l'Hérault et de l'Aude.

Pendant les deux années que j'ai passées au milieu de ces intéressants artisans, et malgré toute mon application d'esprit, je n'ai jamais vu ni presque jamais observé chez eux d'affections rhumatismales ni d'ulcères aux jambes. Cependant voilà des hommes, avec une profession des plus pénibles, qui ont constamment leurs extrémités, surtout les inférieures, plongées dans l'eau froide, et cela, dans les saisons les plus rigoureuses, comme dans les saisons les plus tempérées et les plus chaudes. Les contusions qu'ils reçoivent, et les plaies qu'ils se font guérissent mieux et plus rapidement que celles que j'ai été appelé à traiter chez des sujets appartenant à d'autres professions. A Quelle cause cela tient-il? Je l'ignore. Cependant, je crois que cette cause est due, en grande partie, à l'immersion des parties dans l'eau. Ces observations se trouvent en rapport avec celles qu'a publiées M. Parent-Duchatelet, dans son mémoire sur les Débardeurs de la ville de Paris, ou Recherches sur l'influence que peut avoir sur la Santé l'immersion longtemps prolongée des extrémités inférieures dans l'eau froide. (1)

(1) Voir les Annales d'Hygiène publique et de Médecine légale. Juillet 1830, No 6.

# Troisième Partie.

## Propriétés Physiques des Eaux.

Le groupe thermal de Campagne comprend trois sources, celle du *Pont*, celle de la *Buvette* ou *Fontaine*, et celle du *Jardin*. Les deux premières seulement sont exploitées : la première, celle du *Pont*, sert, comme je l'ai déjà dit, à l'alimentation de vingt-quatre baignoires et des douches; la seconde, celle de la *Buvette*, est employée en boisson; la troisième doit être aménagée pour certains cas, à l'état de *buvette*, bien qu'on s'en serve pour boisson ordinaire pendant le repas.

Ces eaux sont claires, limpides et incolores. Sans être styptique, leur saveur sent le fer et laisse un arrière-goût d'amertume assez prononcé.

Les eaux sourdent de bas en haut et laissent dégager spontanément un mélange d'acide carbonique, d'oxigène et d'azote. Le dégagement de ces gaz est surtout sensible au point d'émergence de la source de la *Buvette;* il est moins abondant à celle du *Pont* qui est recueillie dans un vaste bassin quadrangulaire, voûté avec soin. Le fond des bassins est le même que celui du sol. On observe dans le canal de fuite qui conduit les eaux du trop plein dans le *Rioutort,* une forte couche couleur de rouille qui recouvre plus ou moins le gravier ; frottée entre les mains, cette couche laisse s'exhaler une odeur ferrugineuse très caractéristique.

Estribaud, Fréjacques et Reboulh évaluèrent à 1 hectolitre par minute le volume d'eau de la source de la *Fontaine* ou de la *Buvette*, et à 2 hectolitres celle du *Pont;* mais il paraît que ces Messieurs ne procédèrent à cette évaluation que d'une manière approximative.

M. Balard n'a rien dit à ce sujet.

MM. François, ingénieur attaché au Corps Royal des Mines, inspecteur-général des eaux minérales du midi de la France, et le docteur Frontan, attaché aussi à cette inspection, ont cru devoir constater définitivement le volume des trois sources. J'ai pensé qu'il était important d'en donner les chiffres.

En décembre 1840, la source du *Pont* donnait par minute 167 litres d'eau à 26° 1⁄2 centigrades, soit par heure 10,020 litres, et par vingt-quatre heures 340,480 litres.

La source de la *Fontaine* ou *Buvette*, à 26°, donnait 82 litres 90 c par minute, soit par heure 4,974, et par vingt-quatre heures 119,376.

Enfin, celle du *Jardin*, à 10° Réaumur ou 13° centigrades, donnait par minute 1 litre, soit par heure 60 litres, et par vingt-quatre heures 1,440 litres.

Si je réunis maintenant l'écoulement de ces trois sources, elles m'offrent, par jour, un volume de 361,296 litres d'eau, supérieur aux ressources de plusieurs établissements thermaux très importants.

Nous avons voulu, M. Borrel et moi, examiner avec la plus scrupuleuse attention l'exactitude de ces calculs. Il résulte de nos expériences que MM. François et Fontan ont agi avec la plus grande et la plus fidèle précision, et que leur évaluation est la même que celle que nous avons trouvée le 30 mars 1846.

Pour mettre un ordre méthodique à mon travail, je commencerai de donner l'analyse d'Estribaud, Fréjacques et Reboulh; je passerai à celle de M. le professeur Balard, je la ferai suivre de celle, toute récente, de M. Borrel; je corroborerai l'opinion de M. Balard, sous le rapport de la caléfaction artificielle, par celle d'autres savants, et je terminerai cette troisième partie, d'un léger aperçu sur les phénomènes que j'ai observés pendant et après l'immersion, ainsi que des observations sur l'absorption des principes minéralisateurs des eaux de Campagne.

——————

### Analyse de M. REBOULH (1).

——

#### PAR LITRE.

Acide carbonique libre........ 40 cent.tres cubes.

Hydrochlorate de magnésie....... 0,108.

*A reporter*........... 0,108.

———————————————————————

(1) Voyez Annales de Chimie, tom. 87, pag. 308.

| | |
|---|---|
| *Report*.............. | 0,108. |
| Chlorure de sodium............. | 0,040. |
| Sulfate de magnésie............ | 0,388. |
| Carbonate de magnésie ......... | 0,200. |
| Carbonate de chaux ............. | 0,120. |
| Carbonate de fer............... | 0,044. |
| Silice et perte ................ | 0,100. |
| TOTAL............ | 1,000. |

Cette analyse se trouvait assez exacte pour l'époque où elle parut; mais M. Reboulh ne se dissimula point que, plus tard, les sciences chimiques, par le grand développement qu'elles prendraient, demanderaient impérieusement de nouvelles recherches. Ses prévisions n'ont pas manqué de s'accomplir, et MM. Balard et Borrel rendent à M. Reboulh la justice qui lui était due.

## Analyse de M. BALARD.

« Montpellier, le 8 juillet 1837.

» Monsieur le Docteur BONNAFOUX,

» Je viens de terminer, à Montpellier, l'analyse des eaux minérales de Campagne, que j'avais déjà commencée sur les lieux mêmes, dans le courant du mois dernier. Je m'empresse de vous faire connaître les résultats que j'ai obtenus, et de répondre à quelques questions que vous m'avez adressées au sujet de ces eaux.

» La manière dont les réactifs s'étaient comportés

avec les eaux des deux sources de Campagne, celle du *Pont* et celle de la *Fontaine*, ainsi que l'égalité de leur température, m'avaient déjà fait penser que ces deux eaux devaient avoir une origine et une nature communes. C'est ce que j'ai vérifié, à Montpellier, à la suite de recherches analytiques plus précises que celles que j'avais déjà pu exécuter sur les lieux. Ces recherches m'ont démontré que ces eaux n'étaient seulement pas analogues, mais identiques en tout point, et qu'elles devaient être considérées comme deux dérivations d'un même cours souterrain.

» L'une et l'autre des deux sources, du *Pont* et de la *Fontaine*, laissent dégager, en bulles nombreuses, un gaz que la disposition des lieux permet de recueillir plus facilement dans le bassin de la source de la *Fontaine*.

» L'analyse de ces gaz m'a prouvé qu'ils étaient formés, sur cent parties, de

| | |
|---|---|
| Acide carbonique.......... | 7 parties. |
| Oxigène................... | 1. |
| Azote.................... | 92. |
| TOTAL........... | 100 parties. |

» L'eau des deux sources, soumise à l'ébullition, laisse dégager sensiblement le même volume de fluides gazeux.

» 1,000 centimètres cubes de l'eau du *Pont* m'ont fourni 130 centimètres cubes d'un gaz formé de

| | |
|---|---|
| Acide carbonique............... | 108. |
| Oxigène.................... | 2. |
| Azote.................... | 20. |
| TOTAL.............. | 130. |

« J'ai déterminé la nature et les proportions des
principes fixes des eaux de Campagne, avec le résidu
de l'évaporation, de 7,625 centimètres cubes de l'eau
du *Pont*.

» Ce volume d'eau, évaporé jusqu'à siccité, a fourni 5,830 de résidu, composé de la manière suivante :

| | |
|---|---|
| Sulfate de magnésie | 1,203. |
| Sulfate de potasse | 0,093. |
| Sulfate de soude | 0,503. |
| Sulfate de chaux | 0,351. |
| Chlorure de potassium | 0,017. |
| Chlorure de sodium | 0,525. |
| Hydrochlorate de magnésie | 0,030. |
| Carbonate de chaux | 2,589. |
| Carbonate de magnésie | 0,190. |
| Silice | 0,058. |
| Oxide de fer | 0,039. |
| Matière organique azotée | 0,232. |
| TOTAL | 5,830. |

» Outre ces diverses combinaisons, dont j'ai pu
constater l'existence et les proportions d'une manière
directe, l'eau de Campagne en contient encore quelques autres que je ne pouvais découvrir dans la petite
quantité de matière fixe soumise à l'analyse, mais que
j'ai retrouvées dans les inscrustations de la chaudière
où l'on échauffe l'eau minérale pour le service des
bains. Ces incrustations, principalement composées
de carbonate de chaux, de carbonate de magnésie,
de silice et d'oxide de fer, contiennent encore des
quantités, bien appréciables, de fluate de chaux,
d'alumine et d'oxide de manganèse; trois composés

qui doivent dès-lors être regardés comme de nouveaux principes constituants des eaux de Campagne, d'où proviennent ces incrustations.

» En ramenant par le calcul, à ce qu'ils eussent été pour les 1,000 parties, les résultats obtenus, avec les 7,625 analysés, on trouve qu'un litre ou 1,000 centimètres cubes de l'eau de Campagne, contient en définitive :

| | |
|---|---|
| Acide carbonique.............. | 108 cent.res cubes. |
| Oxigène...................... | 2. |
| Azote ....................... | 20. |
| TOTAL.............. | 130. |

| | |
|---|---|
| Sulfate de magnésie......... | 0,156. |
| Sulfate de potasse.......... | 0,013. |
| Sulfate de soude ........... | 0,066. |
| Sulfate de chaux............ | 0,046. |
| Chlorure de potassium...... | 0,002. |
| Chlorure de sodium ........ | 0,069. |
| Hydrochlorate de magnésie . | 0,004. |
| Carbonate de chaux ........ | 0,340. |
| Carbonate de magnésie..... | 0,025. |
| Silice...................... | 0,007. |
| Carbonate de fer........... | 0,008. |
| Matière organique.......... | 0,031. |
| Fluate de chaux ........... | 0,000 des traces. |
| Alumine.................... | 0,000 *idem.* |
| Oxide de manganèse........ | 0,000 *idem.* |
| TOTAL.......... | 0,767. |

» On peut déduire de cette analyse que l'eau minérale de Campagne doit être rangée dans la classe des eaux carbonatées, ferrugineuses et salines ; elle ressemble beaucoup à l'eau de Pyrmont qui, comme elle, présente l'association du carbonate de fer et des sels magnésiens. Mais vous voyez qu'elle ne peut point être assimilée à l'eau de Vichy, qui doit la plus grande partie de ses propriétés à l'existence d'un bi-carbonate alcalin qui ne fait point partie des eaux de Campagne.

» Les travaux antérieurs, exécutés il y a près de trente ans, sur les eaux de Campagne, par Estribaud, Fréjacques et M. Reboulh, avaient déjà amené aux mêmes conséquences générales que je viens d'énoncer, et rangé aussi ces eaux dans la classe des eaux minérales, ferrugineuses et salines. Mais la composition qu'ils assignent à l'eau de Campagne diffère, quant aux détails, de celle que j'ai observée moi-même. J'ignore à quoi il faut attribuer cette divergence entre nos résultats qui concordent parfaitement au contraire, quand à la détermination de la température des deux sources.

» En observant cette température avec un instrument délicat et fidèle, mais dont le 0 s'était déplacé, depuis sa construction, de 0,7 de °, j'ai obtenu, pour la température de l'eau du *Pont,* une indication de 28 degrés 4 centigrades, qui ne représentent dès-lors que 27 degrés 7 centigrades. Cette indication équivaut à celle de 22 degrés 2 de Réaumur. Or, les observations dont je viens de rappeler les travaux, avaient observé aussi, eux-mêmes, une température de 22 degrés Réaumur dans les eaux de Campagne soumises à leur examen.

» Il était aisé de pressentir que la source de la

*Fontaine,* dont le point d'émergence est plus éloigné et qui sourd dans un lieu découvert, devait avoir une température un peu moindre que celle du *Pont;* elle ne marque aussi au même instrument que 21º 8 Réaumur.

» Cette température de 22º 2, quelque peu qu'elle diffère de la température de l'eau des bains, exige cependant, dans la plupart des cas, que les eaux de Campagne soient un peu échauffées artificiellement pour être employées à cet usage.

» Vous me demandez si la nature de l'eau de Campagne la rend susceptible d'être ainsi chauffée sans altération? La chose n'est pas douteuse : l'eau de Campagne pourrait bien laisser précipiter quelques-uns de ces principes constituants, si on l'amenait à l'ébullition; mais elle n'éprouve pas le plus léger changement de nature en passant de 22 à 30 degrés Réaumur; et, amenée artificiellement à ce dernier degré, elle doit produire absolument le même effet que si elle arrivait du sein de la terre avec cette température.

» Telle n'est pas l'opinion de ceux qui attribuent une influence puissante et mystérieuse à la chaleur des eaux thermales, regardées autrefois comme étant d'une espèce toute particulière; mais vous savez que les expériences qui ont été tentées dans ces derniers temps, sur cette matière, ont fait justice de tous ces préjugés, et prouvé que les eaux minérales échauffées artificiellement se comportent absolument comme les eaux minérales imprégnées de leur chaleur naturelle.

C'est là une de ces questions sur lesquelles il n'existe plus aujourd'hui le plus petit doute dans l'esprit de ceux qui cultivent les sciences.

» Ce serait donc une erreur très grave de croire que les eaux thermales qui ont 40 ou 50 degrés de température peuvent être immédiatement administrées en boisson ou en bains. Il est indispensable de leur faire subir, dans ce cas, une réfrigération qui les amène à la température ordinaire des bains; et je pourrais même vous citer beaucoup de cas dans lesquels cette température trop haute est un inconvénient; car, pendant que s'effectue le refroidissement qu'elle rend nécessaire, beaucoup d'eaux éprouvent des altérations plus profondes que celles que pourrait amener leur caléfection artificielle. Les eaux minérales sulfureuses, par exemple, qui sortent trop chaudes de l'intérieur de la terre, ne renferment souvent plus de principes sulfureux au moment où elles sont assez refroidies pour être administrées en bains; tandis qu'un petit filet d'eau minérale, provenant d'une même origine, mais refroidie dans son trajet souterrain, conserve une proportion notable de principes sulfureux.

» Je crois, Monsieur, que vous rendez un véritable service à la Science Médicale en vous efforçant d'apprécier et de faire connaître les eaux de Campagne. Je m'applaudis, pour mon compte, d'avoir pu vous seconder en déterminant, d'une manière exacte, la composition d'une eau que je regarde comme devant,

dans beaucoup de cas, rendre des services notables
à l'art de guérir.

» J'ai l'honneur d'être, etc.

» *Signé* BALARD. »

### Analyse de M. BORREL.

PAR LITRE.

| | | |
|---|---|---|
| » Acide carbonique.......... | 108 centim. cubes. | |
| » Oxigène................. | 2. | |
| » Azote .................. | 20. | |
| TOTAL.......... | 130. | |
| » Sulfate de magnésie...... | 0,156. | |
| » Sulfate de potasse......... | 0,015. | |
| » Sulfate de soude......... | 0,067. | |
| » Sulfate de chaux......... | 0,038. | |
| » Sulfate de fer........... | 0,009. | |
| » Chlorure de potassium.... | 0,003. | |
| » Chlorure de sodium...... | 0,069. | |
| » Hydrochlorate de magnésie | 0,004. | |
| » Carbonate de chaux...... | 0,820. | |
| » Carbonate de magnésie... | 0,025. | |
| » Carbonate de fer......... | 0,044. | |
| » Silice................. | 0,007. | |
| » Fluate de chaux......... | 0,000. | } des traces bien appréciables. |
| » Alumine.............. | 0,000. | |
| » Oxide de manganèse..... | 0,000. | |
| » Iodure de fer........... | 0,000. | de légères traces. |
| » Matière organique........ | 0,031. | |
| TOTAL ........ | 0,788. | |

L'Analyse de M. Borrel se rapporte beaucoup à
celle de M. le Professeur Balard; la seule différence

qu'on y trouvera sera celle des quantités de carbonate de fer. M. Balard n'en a assigné que 0,008 ; tandis que M. Borrel en a trouvé 0,044, comme M. Reboulh. Cette différence doit tenir aux diverses quantités d'eau soumises à l'analyse. En effet, M. Balard a opéré seulement sur les 5,830 de résidu des 7,625 centimètres cubes, évaporés jusqu'à siccité. Pour découvrir la présence de tous les principes constituants de ces eaux, il a été forcé d'employer divers réactifs, et ces différentes opérations ont dû lui faire perdre la quantité fixe du carbonate de fer.

M. Borrel a agi d'une manière différente ; il a analysé autant de litres d'eau que de principes minéralisateurs qu'il avait à découvrir dans les eaux de Campagne ; et comme chaque principe doit avoir son propre réactif, il a pu apprécier, avec beaucoup plus d'exactitude, la quantité fixe de chacun des ces principes.

Mais il est deux nouveaux principes que M. Borrel a découverts dans les eaux de Campagne, et desquels Reboulh et M. le professeur Balard n'ont pas parlé. L'un de ces principes est le sulfate ou proto-sulfate de fer. Quoiqu'il ne s'y trouve qu'en petite quantité, M. Borrel est parvenu à le déterminer.

Il n'en a pas été de même pour l'iodure de fer ; — quoique sensible et que sa présence soit évidente, il n'a pu en établir la quantité, parce qu'il aurait fallu opérer sur une grande masse de ces eaux.

Depuis long-temps, les eaux de Campagne ont été l'objet de préventions qu'il me sera facile de détruire.

3

Le public et un bien petit nombre de mes confrères
semblaient penser qu'en élevant la température des
eaux de 22 à 30 et 32 Réaumur ou de 27 à 38 et 40
centigrades, on pourrait détruire ou neutraliser leurs
principes minéralisateurs; mais les savants qui se sont
le plus occupés de cette branche d'hydrologie minérale et qui appuient leur raisonnement sur les connaissances chimiques les plus positives, prouvent, d'une
manière péremptoire, qu'en élevant ainsi la température d'une eau minérale, on ne lui enlève point ses
principes fixes; que quelques degrés de caléfaction
artificielle ne sont nullement capables de faire envoler
les principes qui restent liés avec elle, et que les principes alcalins, salins et ferrugineux restent toujours
les mêmes. Cela est si vrai, que si on veut se donner
la peine de réfléchir avec quelque peu d'attention sur
ce que l'on observe en traitant les eaux minérales par
l'évaporation, c'est-à-dire par l'ébullition jusqu'à siccité, on verra que 7,625 centimètres cubes de l'eau
du *Pont* ont fourni 5,830 de résidu (Balard). Ces idées
sont donc toutes aussi absurdes que celles qui, d'âge
en âge, sont arrivées jusqu'à nous : à savoir qu'il est
plus facile de boire un verre d'eau minérale de 40 à
60 degrés qu'un verre d'eau ordinaire portée artificiellement aux mêmes degrés de chaleur. M. Nicolas,
dans sa dissertation sur les eaux minérales de la Lor-
raine; M. Longchamp, chargé de l'inspection générale de France, dans ses expériences, en 1823, sur
les eaux de Bourbonne-les-Bains; MM. Gendrin et
Jacquot, sur les aptitudes respectives d'une eau ther-

male et d'une eau commune, pour l'élever au terme
de l'ébullition, sous l'influence d'une source de chaleur uniforme, toutes les conditions étant égales; et
plus récemment, Anglada, dans ses expérimentations
sur les eaux d'Arles et d'Escaldar; et enfin, M. le
professeur Balard, ont fait justice de ces préjugés.

L'Etablissement thermal de Campagne n'est certainement pas le seul où l'on ajoute quelques degrés de
plus à la température ordinaire. Il en existe un grand
nombre en Europe qui, mille fois plus fréquentés que
celui de Campagne, réclament les mêmes soins.

Je commencerai de citer celui d'*Enghien*, dans la
magnifique vallée de Montmorency, près Paris, dont
les eaux ont treize degrés centigrades de moins que
celles de Campagne. Eh bien ! un des médecins les
plus savants de la Capitale, Alibert, dit, dans son ouvrage sur les eaux minérales, qu'on y emploie les
bains après leur avoir communiqué la température
convenable. En parlant des bains de *Saint-Sauveur*,
l'ex-médecin en chef de l'hôpital St-Louis, nous assure
que c'est une erreur, due à un préjugé fâcheux, que
d'attribuer en général peu d'importance à des eaux
dont la température n'est pas trop élevée; il importe,
au contraire, que cette température soit proportionnée
à la nature de la maladie et à la sensibilité des individus. Le même auteur, en donnant le mode d'administration des eaux d'*Andabre*, s'exprime ainsi : « En
» 1814, pour la première fois, on les a employées
» comme bains, et ce premier essai a eu d'heureux
» résultats; mais il faut avoir recours à l'art pour les

» chauffer, ce qui peut s'effectuer sans altérer, en
» aucune manière, leurs vertus. »

On se tromperait grandement, dit encore le docteur
Rognetta, si l'on croyait que la bonté d'une eau minérale soit en raison de sa température ; cette croyance
était naguère assez accréditée : on s'imaginait que les
eaux thermales étaient plus pénétrantes, et, par cela
même, plus énergiques que les eaux froides.

La source qui produit les effets les plus salutaires,
à *Vichy*, n'est pas celle du *Grand-Puits carré* et qui
est la plus chaude ( 47° c. ), mais celle de la fontaine
du *Petit-Boulet*, qui est la moins thermale (23° c. ).
Qui ne sait, d'ailleurs, que les eaux de Pougues, dont
les effets thérapeutiques sont si énergiques, sont tout
à fait froides ?

Ainsi s'écroulent, dit le célèbre Anglada, devant
le langage d'une expérience sévère, des erreurs que
le préjugé avait fait éclore sur le compte des eaux
thermales ; qu'une fausse expérience avait encoura-
gées, et que cet aveugle entraînement, avec lequel
les auteurs se copient les uns les autres, avait surtout
contribué à propager jusqu'à nous et à répandre de
tous côtés dans les ouvrages classiques de notre époque.

J'ai administré les bains de Campagne jusqu'à 32
degrés Réaumur ou 40 degrés centigrades, et je n'ai
jamais dépassé cette température. Le seul motif qui
m'a dirigé dans cette pratique, est celui de rendre
les bains plus agréables à certains malades, afin de
pouvoir les y tenir plongés plus long-temps. D'un
autre côté, j'en ai retiré les plus grands résultats en

les faisant prendre à une température moins élevée, et en descendant graduellement jusqu'à 22° Réaumur ou 27 centigrades, température naturelle.

Je vais donner quelques aperçus sur les phénomènes que j'ai pu observer pendant l'immersion, sur l'état du malade à la sortie du bain, sur sa situation lorsqu'il est transporté ou rendu dans son lit, et sur sa position pendant le reste de la journée.

### Phénomènes observés pendant l'immersion.

Au moment où l'on entre dans le bain on éprouve une sensation de chaleur douce et agréable dans toute la surface de la peau, qui semble se répéter dans les viscères. Quelques personnes, au contraire, ressentent un léger frisson et un sentiment de constriction vers la gorge qui les forcent à sortir et à se plonger de nouveau dans le bain : il y a d'abord augmentation des battements du cœur et des mouvements circulatoires. Mais ces phénomènes sont de courte durée et sont bientôt remplacés par ceux dont j'ai déjà parlé : bientôt il s'opère un relâchement de la peau, une expansion de liquides dans l'économie; des débris épidermoïques se détachent et viennent flotter à la surface de l'eau; celle-ci se couvre d'un enduit assez doux au toucher. Cette onctuosité, cette douceur peuvent être attribuées à la sécrétion des follicules sébacés et à la température du bain. A cet état succède un calme qui finirait par conduire doucement au sommeil, pour peu qu'on y fût disposé. Pendant ce bain, l'absorption cutanée et la sécrétion rénale acquièrent de l'activité;

le besoin d'uriner se manifeste ordinairement plusieurs
fois, et l'urine excrétée est le plus souvent claire et
limpide. Les malades atteints de rhumatisme et de
névralgie ne tardent pas à s'apercevoir que leurs douleurs diminuent d'une manière sensible.

### État du malade à la sortie du bain.

Dès l'instant que le malade sort du bain, on aper-
çoit que tout son corps est assez coloré et que la sueur
le recouvre sur tous les points; il est dans un état fébrile plus ou moins prononcé qui n'a pas d'analogie
avec celui qui dépend d'un état morbide, parce que,
dans ce dernier cas, ce n'est que vers la fin que la
sueur se manifeste; tandis que dans celui qui est le
résultat du bain, l'exhalation cutanée et l'accélération
du pouls marche de pair; on observe encore la couche onctueuse qui recouvre la peau.

### Situation du malade lorsqu'il est transporté ou rendu dans son lit.

Le pouls se développe, devient souple, large et
diminue de fréquence; la respiration, qui est un peu
précipitée, revient peu à peu à son type normal; l'é-
tat fébrile diminue d'une manière sensible et finit entièrement par disparaître. Une chaleur plus douce
remplace celle qui s'est faite sentir pendant le temps
du bain; elle recouvre ordinairement tout le corps,
comme elle se borne quelquefois à de simples surfaces.

*Position du malade pendant le reste de la journée.*

Un état de bien-être, une douce et agréable moiteur succèdent à la sueur et à l'excitation de la peau qui n'était due qu'à l'immersion. On se sent beaucoup plus dispos, l'appétit est meilleur, les urines diminuent, le malade sent une bien plus grande flexibilité dans les articulations, et par conséquent les douleurs résultant de rhumatismes et de névralgies sont moins vives; en un mot, le malade peut observer une amélioration sensible dans son état.

J'ai avancé, dans la première partie de mes recherches, l'identité qui existe entre les eaux de Rennes et celles de Campagne. Je crois devoir mettre sous les yeux de mes confrères et du public instruit l'analyse d'un litre ou 1,000 centimètres cubes de l'eau de Rennes.

C'est à dessein que j'ai choisi la source du *Bain Doux* pour terme de comparaison, à cause de sa temparure, bien que les autres présentent, à peu de chose près, les mêmes principes.

Analyse Reboulh et Julia. (1)

| | |
|---|---|
| Acide cabonique................ | |
| Hydrochlorate de chaux......... | 0,1325. |
| Chlorure de sodium ............. | 0,065. |
| Sulfate de chaux............... | 0,050. |
| ———— de magnésie........... | 0,100. |
| Carbonate de magnésie.......... | 0,100. |
| *A reporter*............ | 0,4475. |

---

(1) Annales de Chimie, tom. 56, pag. 119.

| | |
|---|---|
| Report............ | 0,4475. |
| ——— de chaux............ | 0,0375. |
| ——— de fer ............. | 0,0625. |
| Perte......................... | 0,0025. |
| | 0,5500. |

Le sujet que je vais aborder n'est pas vierge en hydrologie minérale; un bon nombre d'hommes recommandables s'en sont occupés avant moi. Il s'agit cependant de déterminer, d'une manière approximative, la quantité de principes minéralisateurs que le corps de l'homme peut absorber pendant l'immersion. Je sais que cette question est épineuse, hérissée de difficultés, et qu'elle devrait être traitée par un talent bien supérieur au mien; mais l'indulgence de mes honorables confrères les portera à me tenir compte de la bonne volonté que j'ai de mieux faire.

Les eaux minérales, ferrugineuses et autres, données en boisson, sont absorbées du moment qu'elles se trouvent en contact avec la membrane muqueuse gastro-intestinale, non par les bouches absorbantes que l'imagination de quelques écrivains avait créées tout exprès; mais par le phénomène de *l'imbibition,* propriété physique commune à tous les corps.

M. Magendie a établi, comme vérité démontrée, que toutes les fois qu'un liquide est en contact avec un point quelconque d'un de nos organes, il s'y imbibe et s'introduit dans les porosités physiques qui s'y trouvent.

L'absorption qui s'opère dans l'estomac mérite bien d'être examinée. Cet organe, dit M. Magendie, présente les conditions les plus favorables pour une absorption prompte ; et, en effet, cette fonction est une de celles qui lui sont propres. A la surface de l'estomac, point d'épiderme, une simple couche de mucus peu épaisse et qui se laisse aisément traverser par les substances sur lesquelles l'absorption va s'exercer. Aussi chacun sait que les boissons les plus abondantes disparaissent avec rapidité quand elles ont été ingérées dans le ventricule, et avec d'autant plus de promptitude que leur température et leurs propriétés chimiques les rendent plus propres à s'imbiber dans les vaisseaux sanguins capillaires de l'estomac. L'expérience apprend que ces boissons, par exemple, sont presque absorbées tout entières dans l'estomac avant de franchir le pylore.

Dans l'intestin grêle, l'absorption est aussi fort prompte et tout y est disposé pour que les substances liquides ou autres soient successivement en contact avec un grand nombre de points où s'exerce l'imbibition. Ici, comme dans l'estomac, les capillaires veineux sont très abondants ; ils forment de nombreuses papilles qui ont le grand avantage de multiplier et d'accroître la surface d'absorption ; le mucus est peu visqueux et se laisse d'autant mieux pénétrer. Mais, indépendamment de toutes ces circonstances, la surface de l'intestin grêle offre les orifices du système absorbant chylifère ; ce qui a fait croire long-temps que c'était par cette voie, et non par celle des veines, que les boissons et les médicaments étaient absorbés, par analogie ; d'où on avait déduit que l'absorption s'exerçait constamment par les vaisseaux lymphatiques qui, par cette raison, se nommaient et se nomment encore absorbants.

On sait aujourd'hui, dit encore M. Magendie, de manière à n'en point douter, que le système chylifère n'a d'autre office que d'absorber le chyle; et ce rôle est bien assez important, parmi les fonctions, pour qu'un seul appareil d'organes en soit chargé. Ainsi, excepté le chyle, toutes les substances en contact avec la surface muqueuse de l'intestin grêle sont absorbées par les veines mésentériques et par le même mécanisme que partout ailleurs, c'est-à-dire par l'imbibition.

Le gros intestin est aussi le siége d'une absorption d'autant plus active qu'il ne s'y sécrète point, comme dans l'estomac, une liqueur abondante et acide qui agit sur les substances médicamenteuses.

D'après l'exposé que je viens de faire de l'absorption gastro-intestinale, il est constant que si un homme prend douze verres d'eau minérale de Campagne, et c'est la dose la plus ordinaire des buveurs, ce qui équivaut à deux litres, il absorbe par jour 216 centimètres cubes d'acide carbonique, 4 centimètres cubes d'azote, 40 centimètres cubes d'oxigène et 1,576 de principes minéralisateurs.

Ainsi absorbées, ces différentes substances, portées dans le torrent de la circulation, doivent nécessairement produire des effets physiologiques marqués, et modifier d'une manière sensible les cas pathologiques qui leur sont soumis.

Or, si les faits que je constate sont exacts, et je ne

sache pas qu'ils puissent être révoqués en doute, ces eaux minérales, prises en bains, doivent agir de la même manière ; c'est ce que je vais démontrer.

Dans une série d'expériences, faites avec le plus grand soin, M. Magendie a prouvé que lorsqu'on plonge un malade dans un bain, il n'y a dans les premiers temps aucune absorption ; mais si le séjour se prolonge long-temps, il est à croire qu'il y a de l'eau absorbée, bien qu'aucune expérience positive ne l'ait encore démontré. Cependant, comme on voit particulièrement, en certains points, l'épiderme s'imbiber d'eau, s'épaissir et devenir d'un blanc opaque, il est difficile que l'eau n'arrive pas à la face cutanée, et que là elle ne se trouve en contact avec les capillaires sanguins de la face externe du derme ; et par conséquent il est physiquement nécessaire que l'absorption ait lieu.

Ce phénomène d'imbibition de l'épiderme se voit encore manifestement dans l'application des cataplasmes émollients, des fomentations, etc., etc. Dans ces circonstances, on remarque souvent que les substances médicamenteuses, l'opium, par exemple, produit des effets généraux, bien qu'elles n'aient été employées que localement, c'est qu'en effet elles ont été absorbées.

M. Magendie est donc arrivé à cette conclusion : que toute absorption n'est opérée que par la perméabilité ou les porosités inorganiques des membranes. Fodera, dans un travail couronné par l'Institut de France, a soutenu les mêmes idées en faveur des po-

rosités inorganiques et des lois de la capillarité, et il
réduit tout le travail de l'absorption à une infiltration,
à une imbibition mécanique. Les calculs de Poisson
sont venus au secours de cette théorie, et cette opinion paraît admise aujourd'hui par la généralité des
physiologistes. La doctrine de l'absorption cutanée
n'est plus, de nos jours, un sujet de controverse,
puisque les savants de toutes les nations l'ont adoptée.

C'est en 1839 que M. Magendie publiait son important travail et qu'il disait « *qu'aucune expérience
positive n'avait encore démontré l'absorption cutanée.* »
Depuis lors, un savant médecin, M. Schas, l'un des
écrivains distingués dont s'honore l'Allemagne, a résolu
le problême : il prétend, d'après ses calculs, que dans
l'espace d'une demi-heure, un homme peut absorber,
dans un bain de mer, trois grammes d'hydrochlorate
de soude et un gramme de magnésie. Falconner, de
son côté, assure, d'après les expériences qui lui sont
propres, qu'en une heure, dans un bain tiède d'eau
salée, un homme absorbe 750 grammes de cette eau.
Moller, autre célèbre médecin allemand, a trouvé
qu'en restant une heure dans une eau de salines, son
corps avait absorbé quatre grammes de chlorure de
sodium, demi-gramme de sulfate de chaux, dix centigrammes d'hydrochlorate de soude et quarante centigrammes d'hydrochlorate de chaux.

Partant de ces données, j'ai voulu m'assurer de la
véracité de ces faits, et, dans ce cas, j'ai dû m'en-
tourer d'un jeune expérimentateur, M. Borrel, qui,
par son mérite et son zèle bien connus pour la science,

fortifiera les expérimentations auxquelles nous nous
sommes livrés.

Avant de passer à des opérations aussi difficiles
que délicates, nous nous sommes demandé s'il était
utile et nécessaire de peser le corps de l'homme avant
de le plonger dans un bain d'eau minérale, et de le
peser de nouveau à la sortie du bain. Pour que ce fait
fût de quelque valeur, il faudrait peser un homme vivant avec la même précision qu'on pèse un médicament énergique, puis tenir un compte exact de l'expi-
ration pulmonaire et de la sécrétion urinaire, et c'est ce
qui est difficile à faire, pour ne pas dire impossible.

Nous n'avons pas cru devoir nous arrêter non plus
à constater la quantité d'eau minérale qui pourrait être
absorbée pendant l'immersion, parce qu'il nous a paru
difficile de la préciser avec toute la ponctualité qu'elle
réclame. Nous avons compris, d'ailleurs, que l'absorption doit beaucoup varier chez les différents sujets,
selon une foule de circonstances faciles à prévenir, et
qu'il est impossible de rien établir d'absolu à cet égard.

Mais il restait un point qui, selon nous, devait
nous faire atteindre le but de nos recherches et qui
ne présentait point les difficultés inhérentes au poids
du corps, ni celles attachées à la quantité d'eau minérale absorbée, c'était d'analyser quatre litres d'eau
minérale à la sortie du bain, et d'examiner bien attentivement la perte qu'avait éprouvée chaque principe minéralisateur, et additionner ensuite cette perte
avec la quantité totale d'eau qui avait servi pour le
bain entier.

Nous avons procédé à ces sortes d'épreuves, en nous tenant, le plus possible, hors de toute influence de la part des préventions où nous aurions pu nous trouver, relativement aux eaux de Campagne, parce que nous sommes certains que des hommes, plus haut placés que nous dans les sciences, vérifieront nos expériences, les rectifieront même et ajouteront à tout ce qui aura pu nous échapper en fait d'observations.

Le tableau ci-joint fait connaître nos résultats.

Nous avons adopté de préférence le chiffre de quatre litres plutôt que celui d'un litre, à cause de la petite quantité que présentent quelques-uns des principes constituants des eaux ; et nous avons été dirigés, dans cette manière d'opérer, par la raison qu'il nous était plus facile d'apprécier les pertes éprouvées sur une grande que sur une petite quantité d'eau.

En suivant attentivement la marche que nous avons indiquée dans le tableau que nous avons dressé, on verra que le sujet N.o 1, après avoir séjourné une heure fixe dans le bain, a absorbé la quantité de 1,344 de principes minéralisateurs, savoir : 0,210 de sulfate de magnésie, 0,084 de sulfate de potasse, 0,126 de sulfate de soude, 0,84 de sulfate de chaux, 0,042 de sulfate de fer, 0,42 de chlorure de potassium, 0,126 de chlorure de sodium, 0,042 d'hydrochlorate de magnésie, 0,336 de carbonate de chaux, 0,084 de carbonate de magnésie, 0,084 de carbonate de fer, 0,042 de silice, et 0,084 de matière organique.

Si nous passons aux sujets N.os 2 et 4, nous ver-

TABLEAU COMPARATIF des Principes minéralisateurs des Eaux de Campagne, à l'aide duquel on pourra juger les Pertes qu'on éprouvé quatre litres de ces Eaux, après l'immersion du corps de l'Homme pendant une heure, et la variété de cette absorption chez le quatre différents Sujets qui ont servi à l'expérimentation.

Principes minéralisateurs de quatre litres d'eau de Campagne, avant l'immersion.

| | SULFATE de Magnésie. | SULFATE de Potasse. | SULFATE de Soude. | SULFATE de Chaux. | SULFATE de Fer. | CHLORURE de Potassium. | CHLORURE de Sodium. | HYDR.te de Magnésie. | CARBONATE de Chaux. | CARBONATE de Magnésie. | CARBONATE de Fer. | SILICE. | FLUATE de Chaux. | ALUMINE. | OXIDE de Manganèse. | IODURE de Fer. | MATIÈRE Organique. | TOTAL. |
|---|---|---|---|---|---|---|---|---|---|---|---|---|---|---|---|---|---|---|
| | 0,624 | 0,060 | 0,268 | 0,152 | 0,036 | 0,012 | 0,276 | 0,016 | 1,280 | 0,100 | 0,176 | 0,028 | 0,000 | 0,000 | 0,000 | 0,000 | 0,124 | 3,152 |

Principes minéralisateurs de quatre litres d'eau de Campagne, après l'immersion d'une heure.

| | SULFATE de Magnésie. | SULFATE de Potasse. | SULFATE de Soude. | SULFATE de Chaux. | SULFATE de Fer. | CHLORURE de Potassium. | CHLORURE de Sodium. | HYDR.te de Magnésie. | CARBONATE de Chaux. | CARBONATE de Magnésie. | CARBONATE de Fer. | SILICE. | FLUATE de Chaux. | ALUMINE. | OXIDE de Manganèse. | IODURE de Fer. | MATIÈRE Organique. | TOTAL. |
|---|---|---|---|---|---|---|---|---|---|---|---|---|---|---|---|---|---|---|
| N.o 1. HOMME, 30 ans, tempérament sanguin, taille ordinaire. Température atmosphérique à 14 degrés centigrades; 1 heure d'immersion; température du bain à 27o Réaumur. | 0,619 | 0,058 | 0,265 | 0,150 | 0,035 | 0,011 | 0,273 | 0,015 | 1,272 | 0,098 | 0,174 | 0,027 | 0,000 | 0,000 | 0,000 | 0,000 | 0,122 | 3,121 |
| N.o 2. FEMME, 28 ans, taille ordinaire, tempérament sanguin. Température atmosphérique à 14 degrés centigrades; 1 heure d'immersion; température du bain à 26o Réaumur. | 0,618 | 0,057 | 0,264 | 0,148 | 0,034 | 0,010 | 0,271 | 0,013 | 1,270 | 0,097 | 0,172 | 0,025 | 0,000 | 0,000 | 0,000 | 0,000 | 0,120 | 3,099 |
| N.o 3. HOMME, 42 ans, tempérament bilioso-sanguin, taille ordinaire; température atmosphérique à 14 degrés centigrades; 1 heure d'immersion; température du bain à 28o Réaumur. | 0,620 | 0,059 | 0,266 | 0,151 | 0,035 | 0,011 | 0,274 | 0,015 | 1,271 | 0,99 | 0,175 | 0,026 | 0,000 | 0,000 | 0,000 | 0,000 | 0,123 | 3,125 |
| N.o 4. FEMME, 48 ans, tempérament lymphatico-sanguin; température atmosphérique à 14 degrés centigrades; 1 heure d'immersion; température du bain à 27o Réaumur. | 0,627 | 0,056 | 0,263 | 0,147 | 0,033 | 0,009 | 0,273 | 0,014 | 1,273 | 0,096 | 0,173 | 0,025 | 0,000 | 0,000 | 0,000 | 0,000 | 0,122 | 3,111 |

rons que l'absorption est plus grande encore que celle qui s'est opérée chez le sujet N.o1. Cela devait être, nous l'avions prévu, et ces quatre expériences nous l'ont parfaitement démontré.

Malgré toutes les peines et les soins que ces différentes analyses nous aient donnés, nous sommes heureux de pouvoir les consigner dans ce travail. Nous nous proposons de les répéter sur une plus grande échelle dans la saison prochaine, et nous nous ferons un devoir de les livrer à la publicité.

Il paraît certain, pour nous du moins, que plus l'immersion se prolonge, plus aussi l'absorption doit être grande; c'est ce que nous nous proposons d'établir et de démontrer dans les divers tableaux que nous dresserons à ce sujet.

Nous sentons aussi l'obligation d'entrer dans quelques détails pour faciliter, à ceux qui voudront nous suivre, les calculs auxquels nous nous sommes livrés dans notre voie d'expérimentation.

Les bains dans lesquels nos quatre sujets ont été immergés se composaient chacun de 170 litres d'eau minérale. Le tableau comparatif des principes constituants des eaux offre, en regard, la quantité fixe de chacun d'eux; plus bas, on verra aussi la perte que chacun d'eux a éprouvée, et en additionnant les quatre premiers litres avec les cent soixante-quatre qui ont servi pour le bain (total 170), on aura, pour les numéros 1, 2, 3 et 4, la perte totale qui s'est opérée par l'absorption. C'est de cette manière que nous avons calculé les principes absorbés par le No 1, comme nous l'avons dit plus haut.

# Quatrième Partie.

## Clinique des Eaux de Campagne.

—

Dans la dédicace que j'ai eu l'honneur d'adresser à mes honorables confrères et que j'ai placée en tête de ce faible opuscule, je leur ai déjà dit un mot de mon changement d'opinion sur la partie clinique des eaux minérales ferrugineuses en général, et notamment sur celles de Campagne en particulier. Je les ai assurés de leur faire connaître les motifs qui m'ont porté à ce changement d'opinion ; je viens remplir ma promesse, et, avant d'entrer en matière, je les prierai de m'accorder toute leur bienveillance, et surtout de ne pas me condamner sans avoir bien pesé et mûrement examiné les faits qui ont entraîné et établi ma conviction.

Deux systèmes sont aujourd'hui en présence et partagent le peuple médical en deux camps : sur la manière d'agir des eaux minérales ferrugineuses, l'un les regarde comme excitantes et toniques ; l'autre, au contraire, les considère comme hyposténisantes ou antiphlogistiques. Quel est celui de ces deux systèmes

qui est dans le vrai ? C'est ce que je vais tâcher d'é-
claircir.

Je dirai avec un savant confrère italien, le docteur
Guastalla (1), qu'il y a deux manières d'étudier les eaux
minérales au point de vue clinique : l'une analytique,
l'autre synthétique. La première est basée sur la connaissance de l'action de leurs principes constitutifs ;
la seconde, sur l'observation des effets complexes
qu'elles produisent sur l'économie animale. Ces deux
méthodes doivent être suivies à la fois ou successivement pour se former une idée complète de l'action
intrinsèque des eaux ; car ce ne sera qu'après que
nous aurons trouvé d'accord la valeur des faits em-
piriques recueillis par les cliniciens des différentes
localités, avec celle de l'action de chaque élément
minéralisateur, que nous pourrons formuler rigoureu-
sement le véritable mode opérateur de ce médicament.

Je prendrai donc un à un chacun de ces principes, et
en l'isolant, je l'étudierai sur la masse des phénomènes vitaux qu'il détermine après son absorption, et
je suivrai en cela la marche qui m'a été tracée par
Gadner, médecin anglais, qui doit faire autorité en
hydrologie minérale.

Je ne partagerai pas l'opinion de ceux qui attribuent à la chaleur des eaux thermales une influence
puissante et mystérieuse, et je la regarderai moins
encore comme étant d'une espèce toute particulière ;
mais je dirai, avec le docteur Rognetta, que le colo-

---

(1) Médecin à Trieste.

rique des eaux thermales est le même que celui des autres corps de la nature; et que ce soit par l'eau, par l'air, par la vapeur ou par un corps solide quelconque que l'homme vivant reçoit le chaleur, ses effets doivent être les mêmes, sauf les circonstances qui peuvent les modifier, et que j'aurai le soin de signaler.

Pour bien apprécier les effets du calorique des eaux thermales, poursuit le même auteur, il s'agit d'examiner avec attention les changements qu'elles opèrent dans les fonctions lorsque l'homme est plongé dans un bain de plus 36o à 37o centigrades, terme ordinaire de la température du sang, ou plutôt de l'intérieur des organes. On comprendra, en effet, qu'au-dessous de cette limite le calorique ne peut exercer une action dynamique réelle, si ce n'est celle qui résulte de l'équilibration des deux températures du corps qui s'y immerge, et du liquide. Il importe donc de se placer dans les conditions que je viens d'établir, sous peine de se méprendre dans la valeur des résultats.

L'action du calorique étant par elle-même stimulante, l'on conçoit que pour bien observer ses effets directs, il faut choisir des eaux dont la température soit au-dessus du corps. Aussi, je prendrai pour exemple les eaux du *Mont-d'Or ;* elles offrent précisément la limite que je cherche comme objet d'étude. Je trouve là 40o centigrades à la source du grand bain. Cette température, au reste, est fort ordinaire dans les thermes de France. En conséquence, ce que je dirai d'elle sera applicable à une foule d'autres.

Un homme âgé de vingt-huit ans, robuste, bien

portant, a été plongé dans un bain, à la source indiquée du *Mont-d'Or*. Avant son immersion, le pouls
a été exploré; la température atmosphérique était à
plus 10° centigrades, l'eau du bain à plus 43°; les
effets du calorique ont été notés dans le tableau suivant. Nous allons voir qu'ils étaient bien dus principalement au calorique, et non aux principes minéralisateurs. En mesurant ces effets d'après les changements opérés dans la force de la circulation, voici ce
qu'on a observé :

Point de départ du pouls......... 61 par minute.
  4 minutes après ............. 77.
  7   *id.*   *id.*............... 87.
 11   *id.*   *id.*............... 91.
 15   *id.*   *id.*............... 96.
 17   *id.*   *id.*............... 102.

Ainsi, dans l'espace d'un peu plus d'un quart d'heure,
le pouls s'est élevé de 61 à 102, c'est-à-dire, de 41
pulsations. Résultat immense, qui équivaut à l'effet
d'une hypertrophie du cœur, et qui suffirait à lui seul,
s'il se continuait, à produire une apoplexie.

Son visage, en effet, était devenu très rouge, la
sueur ruisselait sur sa face et sur les tempes, la tête
était embarrassée, et la respiration précipitée. A la
sortie du bain il fallut le soutenir, le couvrir d'un
manteau et le mettre dans une chaise à porteurs; on
l'a couché, le pouls a baissé à 90, puis à 78; la sueur
coulait en abondance. Une demi-heure après, le pouls
était encore fébrile; l'individu se leva, il était un peu
faible; mais, bientôt après, cette faiblesse s'est dissipée, et l'état normal a repris le dessus.

Ces effets dépendaient de l'action dynamique du calorique, et non des principes minéralisateurs des eaux. Cela a été prouvé par une seconde expérience faite le lendemain, sur le même individu, avec un bain d'eau de rivière portée à la même température. En voici les résultats :

| | | |
|---|---|---|
| Point de départ du pouls........ | 68 par minute. |
| 5 minutes après............. | 95. |
| 9 *id.* *id.*............... | 103. |
| 11 *id.* *id.*.............. | 111. |
| 15 *id.* *id.*............. | 116. |

Il y a ici une différence de 14 pulsations en plus, en faveur du bain simple, malgré que l'individu y ait séjourné deux minutes de moins ; mais il faut tenir compte de la différence des deux points de départ : l'excitation de la veille avait laissé le pouls à 7 pulsations au-dessus ; de sorte que le surplus d'action du calorique du bain simple se réduit à 7 pulsations par minute, différence qui pourrait à la rigueur tenir à un commencement d'action hypoténisante des principes minéralisants du premier bain.

On a remarqué en outre quelques différences dans l'état de la peau et de la sueur après chacun de ces bains. Ce sont là des effets dépendant de l'action physico-chimique du liquide, dont nous parlerons plus tard.

Le médecin auquel j'ai emprunté cette expérience, M. Bertrand, a répété la chose sur d'autres et sur lui-même ; les résultats ont été constamment les mêmes, et cela devait être, l'action du calorique étant par elle-même invariable dans ces conditions. Les seules différences qu'il a remarquées ont porté sur le degré d'excitation, variable nécessairement selon les conditions particulières de chaque organisme, mais le principe d'action a été constamment le même. Ce qui frappe dans l'examen de chacun de ces faits, c'est d'abord l'état fébrile accompagné d'une sorte d'anxiété due à l'accélération de la respiration, l'espèce de congestion cérébrale, de sueur abondante et de lassitude générale qui en ont été la conséquence, l'assitude qui a duré quelquefois jusqu'au lendemain.

Quelques personnes pourraient peut-être trouver une contradiction entre l'idée d'une excitation directe, que j'accorde au calorique, et le fait de la lassitude générale ou de la faiblesse apparente que présente le système musculaire après le bain. Une légère réflexion fera comprendre qu'il s'agit d'une faiblesse indirecte ou fonctionnelle, due à l'excès de stimulation et non à une véritable asthenie. C'est ce qu'on observe aussi dans l'ivresse alcoolique et dans toutes les maladies fébriles.

Des observations bien faites ont appris que lorsque un homme bien portant s'expose pendant long-temps à une température échauffée à 37°, il finit par être malade, et sa température intérieure marque 1° à 2° au-dessus de l'état normal; il éprouve alors un malaise général, un sentiment de faiblesse et une grande propension à l'apathie. On comprend par là tout le mal que les bains minéro-thermaux peuvent produire par le fait de leur chaleur trop élevée; et pourtant, à en-

tendre certains médecins, les bienfaits de ces eaux
seraient en raison de leur température ! Que d'erreurs
graves à corriger sur cette question d'hydrologie, que
je ne fais qu'effleurer en passant ! Je dis seulement
que c'est à la stimulation directe du calorique excessif
que l'on doit presque toujours l'exaspération des douleurs rhumatismales et autres (1) et à certaines affections à fond hypersténique, aux premiers bains thermaux; et si cette exaspération décline par la suite,
malgré la persistance de la même cause, cela tient à
d'autres circonstances que je dois faire connaître.

M. le docteur Baudens, médecin en chef de l'Hôpital militaire de Baréges et inspecteur-adjoint du Service général de Santé des armées, a si bien compris
ce que je viens de dire, qu'il commence ordinairement
l'usage des bains thermaux par les eaux tempérées,
et il n'a recours à celles de 38 degrés que lorsque
l'état du malade les réclame impérieusement.

Lorsqu'un homme est plongé, continue encore le
docteur Rognetta, dans un bain, à une température
égale à celle de ses organes intérieurs, il finit par en
être incommodé, malgré qu'il ne reçoive pas directement de calorique; cependant sa chaleur intérieure
s'élève de 1o à 2o : cela tient à l'effet de l'absorption
cutanée. En effet, M. Pouillet a démontré que partout
où il y a endosmose abondante, il y a dégagement de
chaleur. C'est là, d'après les savants avancés dans
ces études, la source véritable de la chaleur animale,

(1) Considérations spéciales sur l'emploi des eaux de Baréges dans
les maladies chroniques, Paris 1844.

qui se produit partout dans les organes où il y a absorption, et non exclusivement dans les poumons, ainsi
qu'on l'avait admis jusques dans ces derniers temps,
par la formation du gaz, acide carbonique, puisque
ces organes ne sont pas plus chauds que les autres.
Il est d'autres raisons qui viennent appuyer cette opinion, et que MM. Brodie, Dulong et Desprez ont
parfaitement développées; mais il faut nécessairement
admettre en même temps une autre cause de calorifi-
cation chez l'homme qu'on expose à l'action de certains
agents, c'est l'accélération de la circulation.

On a remarqué, à toutes les sources thermales, que
les personnes à fibre molle et les vieillards suppor-
taient mieux les bains chauds. Il y a ici une importante
distinction à faire, selon qu'on examine des individus
bien portants ou malades. La loi de tolérance trouve
ici son application; il est clair qu'à circonstances égales ces individus sont moins excitables, moins sensibles
à la stimulation du calorique, et par conséquent plus
tolérants des bains thermaux; mais, s'il y a maladie
hypersténique, et ces cas sont assez ordinaires, le bain
trop chaud nuira à ces personnes comme à d'autres.

A la suite de ces considérations générales se group-
pent les autres effets rationnels du calorique excessif
des eaux thermales. Laissons parler un observateur
qui me paraît bien compétent, M. Giacomini (1).

« Un homme qui entre nu dans une étuve ou dans
» un bain d'eau ou de vapeur, dont la température soit

---

(1) Giacomini, t. 5, p. 303.

» de quelques degrés supérieure à celle de sa peau,
» éprouve d'abord un sentiment de chaleur partout le
» corps, qui peut, jusqu'à un certain point, lui être
» agréable, mais qui lui devient bientôt désagréable,
» incommode, pour peu qu'il dure ou que la tempé-
» rature s'élève. Une coloration vive, rose ou ver-
» meille, apparaît sur son visage et s'étend sur toute
» la superficie du corps qui devient turgécente. Alors
» la transpiration augmente, elle est évaporante, lim-
» pide, ou bien la peau reste sèche, et l'individu
» éprouve une inquiétude extrême avec un sentiment
» de picotement par tout le corps. Si l'on explore le
» pouls, il est sensiblement plus vibrant et plus fré-
» quent qu'avant l'expérience, et, sous l'influence
» persistante ou croissante de la chaleur, le visage
» s'enflamme de plus en plus, la tête commence à
» devenir lourde, elle éprouve une douleur obtuse,
» quelques vertiges et une sorte d'ébriété. Le pouls
» s'accélère de plus en plus jusqu'à devenir réellement
» fébrile; et, dans cet état, tous les membres sont fati-
» gués, comme abattus et sans force ; la respiration est
» elle-même accélérée, anxieuse, oppressée, accom-
» pagnée de palpitations, malaise et inquiétude géné-
» rale. Ces phénomènes arrivent promptement, si le
» milieu offre une température supérieure à plus 32°
» R., et pas au-delà de plus 35° à 40° R. Une tempéra-
» ture plus élevée finirait par produire, après quelque
» temps, des effets de brûlure sur la peau. On ne
» peut se refuser d'admettre que ces effets généraux
» se lient essentiellement avec l'accélération de la cir-

» culation, accélération qui dépend elle-même de la
» stimulation ou sur-stimulation du calorique sur le
» système nerveux ganglionnaire. Faisons remarquer,
» en outre que, bien que l'accélération et l'anxiété de
» la respiration suivent exactement le rhythme de la
» circulation, ces phénomènes pourraient aussi dé-
» pendre en partie de la raréfaction de l'air ou de
» l'action des vapeurs très chaudes qui entrent dans
» le poumon. »

Ces effets de l'eau thermale, poursuit M. Rognetta,
sont presque instantanés; ils précèdent toujours ceux
des principes minéraux que le liquide peut contenir,
par la raison que le calorique agit directement et par
transmission immédiate, sans avoir besoin de passer,
comme les autres corps, par la double fonction de
l'absorption et de l'assimilation organique, toujours
longue comparativement. On prévoit déjà comment
cette excitation primitive du calorique peut être bientôt modérée par l'intervention d'une action dynamique
différente qui lui succède, par l'absorption des sels,
des gaz et des autres principes minéraux du liquide;
et pourquoi, à circonstances égales, un bain très
chaud d'eau simple peut déterminer des accidents plus
graves qu'un bain d'eau minérale.

On se demande maintenant pourquoi la lassitude
générale, dont je viens de parler, ne s'effectue pas
chez tous les individus qui s'exposent à l'action des
eaux minérales? car il est d'observation que beaucoup
de malades se sentent plus forts en sortant du bain
thermal. Cela tient évidemment à la même loi de la

tolérance que je viens de citer : quand un remède est
bien appliqué, il rétablit les fonctions, et par là la
force en dissipant la maladie alors même que le même
moyen serait affaiblissant chez l'homme sain.

Après la caloricité, l'élément le mieux défini et le
plus général des eaux minérales, est le gaz acide
carbonique. Je vais étudier ses effets sur l'économie
vivante, et je ne puis mieux faire que d'emprunter
au savant médecin de Padoue, M. Giacomini, les belles
observations qu'il nous a léguées.

« Introduit dans l'estomac ou bien développé dans
» ce viscère, le gaz acide carbonique produit une
» sensation de poids et de distension. Bientôt après,
» on éprouve des rots et des flatuosités; la circulation
» s'abaisse de suite et se ralentit, on éprouve comme
» un commencement d'ivresse, une confusion dans
» les idées, des vertiges et de la pesanteur à la tête.
» On éprouve en outre une grande envie d'uriner;
» l'on urine effectivement souvent et en abondance.
» Si l'estomac est vide, on éprouve un sentiment de
» défaillance, un engourdissement, une pesanteur
» dans les membres, au point de ne pouvoir marcher
» ni agir qu'avec beaucoup de fatigue. Si l'on prend
» quelques aliments, ces phénomènes disparaissent
» aussitôt, et cela d'autant plus promptement que l'on
» boit quelque peu de vin ou d'alcool. Je n'ai puisé
» la description de ces phénomènes que sur moi même,
» puisque, depuis deux ans, j'ai expérimenté journel-
» lement et de différentes manières l'influence du gaz
» acide carbonique des eaux de Recoaro. J'invite les

» personnes qui auraient une conviction différente à
» ce sujet à prendre les eaux méphitiques ou celles de
» Recoaro à leurs repas; elles verront si, quelques
» instants après, elles éprouvent les mêmes effets que
» quand on prend des substances excitantes, telles
» que le vin, ou bien plutôt de la faiblesse et une
» lassitude extrême. Je puis assurer qu'en buvant,
» une demi-heure avant le dîner, un demi-kilogramme
» de ces eaux, mon pouls s'abaissait et se ralentissait
» de 6 à 8 battements, et je ressentais une telle fai-
» blesse que je pouvais à peine me traîner de mon
» cabinet à ma salle à manger, et pourtant, tant par
» mon âge que par ma constitution, je suis habituel-
» lement assez vigoureux.

» Quelques maladies du tube digestif sont traitées
» avec succès par le gaz acide carbonique, notamment
» celles qui sont le résultat des excès de table, d'une
» alimentation trop succulente ou irritante, et qui
» consistent dans une sorte d'engorgement, de plé-
» thore, d'hypersténie ou de phlogose de l'estomac,
» même dans les cas où ces conditions morbides se
» déclarent sous la forme de dyspepsie, de faiblesse
» d'estomac, d'intolérance pour toute sorte d'aliments,
» de sensibilité augmentée et de vomissement. On fait
» mêler l'eau gazeuse avec du vin aux malades qui
» ne peuvent la supporter seule : le vin corrige donc,
» modère son action excessive !...

» Le gaz acide carbonique porte son action, non-
» seulement sur le cœur et les vaisseaux sanguins,
» mais aussi sur l'appareil cérébro-spinal, de là l'en-

» gourdissement et l'insensibilité qu'il occasionne ;
» mais il faut pour cela que la dose ait été assez forte.

» L'opinion généralement adoptée que la bière ra-
» fraîchit, nous confirme dans l'idée de l'action hy-
» posténisante du gaz acide carbonique qui se dégage
» en abondance de cette boisson. Le rafraîchissement
» produit par la bière n'est pourtant pas d'une longue
» durée, car l'alcool qu'elle renferme produit à son
» tour un effet plus durable et qui détruit le premier. »

La conclusion générale qui découle de cet article,
et que je viens de consacrer à l'étude de l'acide carbonique, est trop manifeste pour que je la formule à
mon tour. Il me semble, si je ne m'abuse, que de la
connaissance exacte du mode d'action de cet élément,
il doit résulter des avantages réels dans les applica-
tions pratiques.

Jusqu'ici je n'ai considéré les eaux ferrugineuses
que dans deux de leurs éléments minéralisateurs ; il
me reste à étudier leurs éléments salins, c'est ce que
je vais faire.

Tous les principes fixes des eaux minérales ferrugineuses se ressemblent, à part leur température et
leurs proportions. Dans l'état actuel des connaissances,
toute eau de cette nature doit être considérée comme
une solution parfaite des sels sodiques, additionnée
de quelques composés de magnésie, de chaux, de
silice et de fer, ajoutez encore des composés potas-
siques de manganèse, d'alumine, de strontiane et
d'iode, dans des proportions toujours minimes, et
nous aurons une idée complète de leur composition

chimique. J'ai voulu faire sentir, par cette dernière phrase, que nos connaissances ne sont que relatives sous ce rapport; car une eau composée artificiellement avec ces éléments est loin d'avoir les mêmes propriétés qu'une eau naturelle. Les trois groupes primitifs de sels magnésiques, sodiques et calcaires dominent généralement, et parmi eux les composés de sodium ou de soude. La magnésie, la soude et la chaux n'affectent ordinairement que trois formes dans les eaux en question; la forme de carbonate, d'hydrochlorate ou de sulfate est immanquable; les trois peuvent se rencontrer à la fois. On peut en dire autant des autres éléments accessoires qui paraissent subir eux-mêmes l'action des acides carboniques hydrochloriques ou sulfuriques, à l'exception pourtant du fer et du manganèse, qui se présentent quelquefois, en parties du moins, à l'état d'oxide. Je m'arrête à la magnésie.

La thérapeutique n'a adopté que trois produits chimiques du magnésium : l'oxide, le carbonate et le sulfate. Il est remarquable que ces trois formes, adoptées à la suite de combats singuliers que les alchimistes du temps livraient à la nature, soient restées invariables dans les prescriptions thérapeutiques, et que les progrès récents de la chimie, la multiplication étonnante des composés de la même base soient demeurés presque étrangers à l'expérimentation clinique. Il est cependant plusieurs de ces produits qui pourraient être administrés, entr'autres l'iodure et le bromure de magnésium, sels aloïdes très solubles, déliquescents

même à l'air, par conséquent très obsorbables. Les
résultats que j'en ai retirés peuvent marcher de niveau avec l'iodure de potassium.

*L'oxide de magnésie* (autrement dit magnésie cal-
cinée, décarbonatée, déaérée, ou tout simplement
*magnésie*) a été comparée, par Fourcroy, à une fé-
cule végétale. (*Philosophie chimique,* pag. 44.) Cette
comparaison est plus exacte que celle qui assimile la
magnésie à la chaux.

M. Berzélius a donné, sur la composition de la
magnésie, la formule suivante : radical métallique
61,29, oxigène 38,71. (*Chimie,* tom. 2, pag. 363.)
A l'état d'hydrate, le même corps se compose de
69,68 parties d'oxide de magnésie et 30,32 d'eau. Les
Anglais, qui mangent, comme on sait, beaucoup de
magnésie, préfèrent cette dernière forme, qui est
plus compacte, plus alcaline et peut-être aussi plus
énergique. L'oxide de magnésium a beaucoup d'avi-
dité pour les acides.

Tous ou presque tous les auteurs de matière médicale ont placé la magnésie parmi les stimulants intestinaux. Cette croyance a été répétée par d'autres, soit
parce que ce remède produit des garde-robe et qu'un
pareil effet a été supposé dépendre d'une excitation
du tube intestinal, soit parce qu'il dissipe, comme le
calomel, certaines maladies accompagnées de langueur des fonctions digestives, et rétablit, par la force
fonctionnelle, ce qui a été regardé encore comme un
effet d'excitation ou de tonicité. Dans l'un comme dans
l'autre cas, la doctrine enseignée est hypothétique.

J'ai étudié sur moi-même les effets de la magnésie,
et c'est en comparant mes propres observations à
celles de plusieurs auteurs, que j'en parle. En conséquence, je laisse de côté toutes les opinions, et je
ne m'attache qu'aux faits matériels. Reste ensuite l'in-
terprétation de ces faits que chacun fera à sa façon ;
il s'agira de savoir seulement quelle est la plus logique. Que l'on prenne quelques grammes de magnésie, on éprouvera, au bout d'une à deux heures,
une sécrétion rénale (qu'on boive ou non d'eau) ;
puis une sorte de faiblesse générale, de lassitude, de
paresse et de légers tremblements aux poignets,
comme à la suite d'une longue course à pied ; lour-
deur à la tête et diminution dans l'énergie de la pensée ; sentiment de vide à l'estomac, et besoin vif de
prendre des aliments et des spiritueux ; enfin, quelques vents intestinaux. Si la dose s'élève de 4 à 8
grammes environ, une garde-robe liquide se déclare.
Cet effet peut se produire avec de faibles doses de 1
à 3 grammes, ce qui peut être attribué, en partie, à
la méthode qu'on peut suivre de digérer, petit à petit,
le médicament dans la bouche, avant d'en opérer la
déglutition. Ces effets sont donc loin d'indiquer une
excitation intestinale ; ils expriment, pour moi, une
hyposténie générale légère et une action analogue
dans l'appareil digestif, accompagné de sécrétion intestinale ; ils se dissipent en prenant des aliments et des
boissons alcooliques. La céphalalgie cependant peut
persister pendant vingt-quatre heures. Ainsi, la magnésie se représente à mes yeux avec les caractères

spéciaux d'un remède antiphlogistique gastro-eutéri-
que ; et si je consulte les faits cliniques que la science
possède, je trouve la confirmation de cette application dans les bienfaits qu'elle a produits dans les affections inflammatoires chroniques des organes digestifs,
désignés par les noms de dyspepsie, gastricisme, embarras gastriques, etc., etc. L'on comprendra par là
comment la magnésie a pu combattre heureusement,
chez les uns, une diarrhée ou même la dyssenterie,
et, chez les autres, une constipation opiniâtre. Ces
deux phénomènes opposés pouvant se rattacher à la
même condition hypersténique que le remède a dis-
sipé, l'on comprendra aussi comment ce médicament
ne produit point de garde-robe en cas de phlogose
prononcée, son action s'épuisant sur le mal et n'étant
pas suffisante pour hyposténiser les organes au point
de déterminer la sécrétion intestinale.

*Le Carbonate de Magnésie* (Magnésie blanche ou
carbonatée) ne doit être considéré que comme com-
binaison chimique de carbonate et d'hydrate magnésiques. La formule analytique, donnée par M. Berzélius, est celle-ci : magnésie ou oxide de magnésium
44,75 parties, acide carbonique 37,77, eau 19,48.
(*Chimie*, t. 4, p. 101.) Cette composition est complexe : la magnésie pure n'entrant que pour un peu
plus du tiers ou moins que la moitié, le reste étant
de l'eau et de l'acide carbonique, cet acide lui-même
n'entrant que pour un tiers environ, il en résulte une
masse beaucoup moins énergique que la magnésie

pure, puisque le principe de l'action évacuante ne s'y trouve qu'en faible proportion.

L'observation expérimentale, en effet, est parfaitement d'accord avec ce calcul; mais on prévoit, en même temps, qué par cela même que le composé est complexe, l'effet ne doit pas se borner à l'appareil digestif.

Par suite de ces considérations, l'on comprend qu'envisagé comme remède antiphlogistique et cardiaque, le carbonate de magnésie convient dans tous les cas de phlogose intense et légère, et que plus sa composition contient d'acide carbonique., plus son action doit être salutaire. Sous ce rapport la magnésie liquide de M. Barrens rend de véritables services dans la pratique.

*Le Sulfate de Magnésie* est un sel bien autrement sérieux; il s'agit ici d'un médicament énergique dont les effets excessifs pourraient agir toxiquement et causer la mort. Ceci paraîtra peut-être étrange; cependant l'étude des faits que la science possède est tellement probante sous ce rapport, que je n'en doute plus un seul instant. Ce sel est parfaitement soluble dans l'eau, même à froid, par conséquent très absorbable. La formule chimique est : acide sulfurique, 65-92; oxide de magnésie, 34,02; eau de cristallisation, 51 p. 100. Ce produit ne ressemble guère aux autres produits magnésiques; puisque la magnésie n'y entre que pour un tiers, tout l'effet doit être rapporté à l'acide sulfurique. L'on pourrait même dire que ce sel n'est, en vérité, qu'une sorte d'acide violent solidifié ; il serait sans doute un poison redoutable à petites doses, s'il n'était très peu pesant à cause de l'eau de cristallisation qui entre dans ses cristaux. C'est déjà faire pressentir et la circonspection qu'on doit mettre dans l'administration de ce médicament, et la grande confiance qu'on doit avoir dans son énergie.

Comme tous les sels sulfatés, la magnésie sulfatique est d'un goût détestable, amer. Si on la prend en solution, ainsi qu'on la prescrit communément, elle est vraiment repoussante, et excite même quelquefois le vomissement.

Les effets de ce sel sont tellement hypoténisants, qu'à l'instar de tous les médicaments métalliques, ils tiennent à produire une prostration insidieuse. A petite dose d'un demi-gramme à deux grammes, l'action se borne, au système urinaire ( sursécrétion ), à l'estomac ( sentiment de besoin ), à l'appareil musculaire ( lassitude ), et à la peau ( sueurs ); mais en élevant les doses, ces phénomènes augmentent et des déjections alvines se manifestent. M. Giacomini a observé qu'à 45 grammes l'hypoténisation était si marquée, que la fonction intestinale cessait, et que des vomissements et une prostration très prononcée se déclaraient. Les praticiens peuvent reconnaître la vérité de ces faits importants, j'en suis certain, s'ils veulent se donner la peine de les vérifier. M. Giacomini place le sulfate de magnésie à côté du tartre stibié, et le recommande dans toutes les maladies inflammatoires, sans même en exclure les gastro-entérites aiguës (1),

(1) Pour ma part, j'ai administré le tartre stibié à haute dose

en le combinant ou non avec les saignées, suivant les cas. Il cite des cas de cette dernière espèce, d'autres de diarrhée et de dyssenterie inflammatoires, de coliques intestinales phlogistiques atroces, arrêtés admirablement à l'aide de ce moyen, donné à dose progressive. Ce que je viens de dire de son énergie ne doit pas effrayer, car on sait quel degré de tolérance les maladies intenses établissent dans les organes.

Je passe maintenant à un autre élément des eaux minérales, *la Soude*. Qu'elle soit à l'état de carbonate, bi-carbonate, d'hydrochlorate ou de sulfate, peut-elle exercer sur l'économie des actions dynamiques différentes? Telle est la première question qu'il s'agit d'éclairer. Pour moi, ces sels agissent intrinsèquement d'après un seul et même principe, soit qu'on les considère dans leurs effets généraux, soit dans leur action élective. Je m'explique : comme oxide métallique, la soude n'a pas, par elle-même, une action très énergique ; mais elle en emprunte beaucoup à l'acide qui la salifie. On peut même dire qu'une grande partie de son énergie dépend de celui-ci. Aussi peut-on établir, et

dans tous les cas de fièvres typhoïdes que j'ai eu à combattre, notamment dans les épidémies de fièvres typhoïdes qui ont régné à Villardebelle, en 1838, et à Ladern, en 1845; il m'est arrivé de porter la dose du médicament jusqu'à 1 gramme 50 centigrammes (28 grains) étendus dans 800 à 900 grammes d'eau ordinaire, et donnés, par cuillerées à bouche, d'heure en heure. Cette médication, employée seule et quelquefois suivie des purgatifs salins, m'a donné des résultats si grands, que je la considère aujourd'hui comme la seule à suivre dans des cas aussi graves. Je me propose de faire connaître bientôt à mes Confrères ce traitement de la fièvre typhoïde.

sans crainte d'erreur, le degré proportionnel de force
de chacun de ces sels, d'après l'énergie connue, et
les proportions quantitatives que chacun des trois acides fournit à la composition des sels en question.

On sait, par exemple, que dans le carbonate ou
sous-carbonate de soude, l'oxide est à l'acide comme
21 est à 15 (l'eau de cristallisation étant de 60 0⁄0);
tandis que dans le bi-carbonate, les deux éléments
sont à 35 comme à 50 (l'eau de cristallisation étant
de 15 0⁄0); c'est-à-dire que, à part l'influence de la
proportion de la soude, la seule abondance de l'acide
carbonique doit donner au bi-carbonate une énergie
considérable au-dessus du carbonate. Le même calcul
s'applique aux autres sels, et l'expérience clinique
répond parfaitement à ces données. Il faut néanmoins
tenir compte, sous ce rapport, de leur degré de solu-
bilité, si on les administre à l'état solide, car cette
condition doit amener nécessairement des différences
notables dans leurs effets. On sait, en effet, que le
carbonate est très soluble dans l'eau, tandis que le bi-
carbonate ne l'est que très peu comparativement ; c'est-
à-dire qu'il lui faut treize fois autant son poids d'eau
pour se dissoudre (BERZÉLIUS. *Chimie*, *t.* 3, *p.* 458);
mais je raisonne ici dans l'hypothèse que les deux sels
soient également dissous comme dans les eaux minérales; en conséquence ils se trouvent dans des conditions égales d'absorption. Considérés séparément,
les acides des sels sodiques exercent une action anti-
plogistiques sur l'arbre vasculaire, tandis que la soude
paraît par elle-même porter plus particulièrement son

action élective sur l'appareil digestif ; cette action est elle-même hyposténisante comme celle de tous les produits métalliques indistinctement. Il en résulte des sels à double action élective, l'une gastro-entérique, l'autre cardiaco-vasculaire, et dont le résultat final est toujours l'hyposténisation à différents degrés. A mes yeux, par conséquent, une eau chargée de sel marin, et une autre chargée de bi-carbonate ou de sulfate de soude, n'offrent pas de différence essentielle quant à leur principe d'action. Que l'on ajoute maintenant du carbonate ou de sulfate de magnésie ou de chaux, de l'oxide, du carbonate ou du sulfate de fer, les choses resteront les mêmes au fond ; le degré seul d'énergie et le goût du composé auront changé, car le magnésium, le calcium et le fer ne peuvent faire exception à la règle générale qui régit l'action dynamique des corps métalliques. Ceci paraîtra peut-être étrange ou incompréhensible ; j'espère être mieux compris quand j'aurai exposé les nouvelles études sur le fer.

Nous allons voir que l'action du fer est analogue à celles de la magnésie et de la soude, et que ces trois éléments, réunis dans une même eau minérale, loin de se contrarier, comme on le suppose jusqu'ici, agissent dans un seul et même sens, et augmentent, par leur union, l'énergie du liquide.

Quelle est l'action des composés de fer sur l'organisme ? Telle me paraît être la question que je vais examiner ; et, comme je veux la traiter avec tout le soin qu'elle mérite, je n'hésite pas à m'appuyer des travaux d'un médecin honorable, qui feront époque dans les annales de la science, je veux parler du docteur Rognetta.

On s'est formé des idées *à priori* sur l'action des produits ferriques ; on s'est imaginé que les eaux ferrugineuses étaient toniques, excitantes, uniquement parce qu'on a présumé que telle était la vertu de ces composés, et que les maladies qu'elles guérissent émanaient d'un fond de faiblesse : la chlorose, par exemple, a servi de drapeau à une pareille doctrine généralement adoptée. J'avoue que ce n'est pas sans une sorte d'embarras que j'aborde cette question, par la raison que les idées préconçues qui dominent la croyance générale sont profondément enracinées, et qu'on se prête à peine à un examen indépendant. Cependant je dois déclarer que, si telle était aussi ma conviction, je me serais abstenu de traiter ce sujet. Je ne cherche que la vérité ; et si l'action véritable des eaux dont il s'agit est telle qu'on la suppose, je ne demande pas mieux que de la proclamer à mon tour. Il me semble, si je ne m'abuse, qu'un examen motivé des éléments de cette importante question, ne peut que tourner au profit de la science, soit que cet examen confirme, soit qu'il infirme les idées généralement professées.

En parcourant l'histoire de ce point de science, on ne retrouve, depuis Dioscoride jusqu'au xvıɪe siècle, qu'une seule opinion à l'égard de l'action médicinale du fer ; c'est que ce métal agissait comme astringent et comme apéritif dans l'économie. Cette opinion était née de ce système adopté dans les écoles galéniques :

de ne juger de l'action des médicaments que d'après leur goût ou leur odeur, et d'après les quatre qualités hypothétiques qu'on appelait *occultes* dans tous les corps. On voyait en effet, d'une part, qu'appliqué sur la langue, le fer offrait un goût métallique, styptique, ce qui est commun, au reste, avec une foule d'autres corps ; d'autre part, on remarquait dans le tannage des peaux des animaux, qu'une astriction manifeste suivait l'application des composés ferriques; et l'on en concluait naturellement que telle devait être aussi l'action du fer dans l'organisme vivant. Cette croyance semblait d'ailleurs confirmée par l'observation clinique, puisqu'en administrant, soit l'eau ferrée artificielle, soit la limaille de fer, soit la rouille (sous-carbonate de fer), on arrêtait les diarrhées et les hémorragies. Cependant l'observation montrait aussi que les mêmes remèdes guérissaient pareillement les hydropisies, qu'ils donnaient quelquefois la diarrhée, provoquaient la sécrétion urinaire, le retour des règles, etc., etc. ; cela ne s'accordait pas avec la prétendue astriction. On disait alors : c'est que par ces qualités occultes, le fer peut agir aussi comme apéritif ! Ce jeu de mots sauvait la doctrine, et les choses marchaient ainsi, de siècle en siècle, malgré leur flagrante contradiction. De l'astriction à la tonicité il n'y avait qu'un pas : les anciens, en effet, connaissaient parfaitement l'absorption des médicaments; ils pouvaient aisément transporter l'effet corrugateur du fer sur les parois des vaisseaux qu'il avait à parcourir. Il est évident, d'après cela, que toute la vertu du fer est réduite à son action locale, à son effet purement mécanique ou physico-chimique. Mais les choses ne se passent pas sur le vivant comme sur les corps inertes; il y a là d'autres forces, d'autres puissances réactionnelles qui font taire les affinités physico-chimiques, et c'est ce qui a dérouté les observations dans ces sortes d'appréciations, et donné naissance à des doctrines insoutenables qui pourtant règnent encore dans les écoles et parmi nous.

L'action thérapeutique des eaux minérales ferrugineuses de Campagne, est pour moi ce qu'il y a de plus clair, de plus incontestable. Si la chimie ne m'avait pas appris déjà quels étaient les éléments d'action de ces eaux (fer, soude et magnésie sulfatées), ma conviction à cet égard ne serait pas moins celle que je professe, d'après les expériences cliniques et physiologiques que j'ai faites moi-même avec les eaux de ces sources. Cette eau, bue à la source, est pour moi un remède antiphlogistique énergique, à double action élective agissant à la fois et sur le système sanguin et sur le tube digestif, c'est-à-dire qu'elle agit à l'instar du tartre stibié, du sulfate de quinine et des purgatifs sulfatiques. Cet énoncé est, je le sais bien, en contradiction manifeste avec les idées généralement avancées par mes honorables confrères; mais qu'importe, si je suis dans le vrai! Je vais mettre en relief les faits qui servent de base à mes conclusions, et poser ainsi les véritables indications thérapeutiques de ces eaux.

Je vais les étudier d'abord chez l'homme bien portant. Je suis allé assez souvent à la source, j'y ai bu plusieurs verres d'eau à jeun, et j'ai continué l'usage de cette eau pendant plusieurs jours ; l'expérience a été recommencée, à diverses époques, dans le courant des six dernières années : constamment l'effet a été l'hyposténie franche, générale, plus particulièrement prononcée dans les appareils circulatoire et gastro-entérique, proportionnellement à la quantité d'eau bue ; j'en prenais deux à trois verres chaque fois, quelquefois d'avantage. Les phénomènes ont été : un abattement général, un sentiment de fatigue plus ou moins prononcé, de lassitude dans les bras, dans les jambes, une sorte de langueur générale inexprimable ; céphalalgie frontale, sécrétion urinaire abondante et claire, diminution notable de la force et de la fréquence du pouls ; sentiment de creux à l'estomac, de besoin de prendre des aliments et des alcooliques ; une sorte de tremblement dans les poignets et une sécrétion abondante de salive, comme quand on est resté sans manger en bonne santé par une cause quelconque. Ces phénomènes se sont toujours dissipés par un repas substantiel et un surcroît de vin pur que l'organisme appétissait. Quelque peu de malaise cependant, de faiblaisse, duraient jusqu'au lendemain ; de légères coliques et des garde-robe d'abord solides et puis liquides s'ensuivaient quelquefois. Les phénomènes ci-dessus, que je n'indique que d'une manière générale, se déclaraient une demi-heure après l'ingestion du liquide, et arrivaient à leur maximun d'intensité dans l'espace de trois à quatre heures. La faiblesse persistait pourtant dans le système musculaire, mais en diminuant progressivement. Je le répète, je n'ai pu comparer cet effet qu'à ce malaise qu'on éprouve, en hiver, quand l'heure du dîner est arrivée et que, par une circonstance quelconque, on ne dîne pas; la santé étant normale d'ailleurs et le moral assez calme, on éprouve de la tristesse, un abattement général, des tremblements, de la salivation, la pensée elle-même perd de sa vigueur, et l'esprit se ralentit à son tour, pour ainsi dire.

Les expériences de M. Giacomini viennent fortifier les miennes. « Lorsqu'on prend intérieurement, dit ce praticien, quelque préparation de fer, les excréments acquièrent une couleur noire; on ressent un vif désir d'aliments, et si on ne le satisfait pas, on éprouve bientôt un malaise à l'estomac, une sensation de vide qui augmente et va jusqu'à la cardialgie. Si la dose est un peu forte, et si l'on en continue l'usage, il survient des vomissements ou bien de la diarrhée, l'affaiblissement dans le pouls et l'évanouissement. Ce résultat de l'abaissement dans le pouls et souvent même son ralentissement, est l'effet le plus caractéristique et le plus constant de l'action du fer sur l'homme en parfaite santé. Les personnes qui seraient désireuses de constater la vérité des faits que je viens d'avancer, n'auront qu'à prendre, elles-mêmes, un gramme de carbonate de fer, après avoir préalablement exploré l'état de leur pouls; peu de temps après, si le pouls ne présente aucun changement, on prendra une seconde dose du même sel, et puis, s'il le faut, une

troisième. On verra que, même avant cette dernière
dose, le pouls se trouve déjà affaibli et ralenti; la
peau est devenue plus pâle, et l'expérimentateur ac-
cuse des frissons, une faiblesse générale et du tremblement dans les membres. On s'assurera par ces résultats que le fer ne corrobore point l'homme qui jouit
d'une bonne santé; qu'il n'échauffe point, qu'il n'accélère pas la circulation; mais qu'au contraire il af-
faiblit positivement l'organisme. »

J'ai cherché en vain, dans ces expériences, l'effet
tonique, l'effet excitant qu'on attribue gratuitement
aux eaux ferrugineuses. Rien absolument de congestif
ne s'est présenté du côté du cerveau ni du cœur; rien
de cette accélération fonctionnelle, de cette chaleur,
de cet éréthisme musculaire que produisent ordinairement les véritables excitants : la canelle, le vin, les li-
queurs alcooliques. Loin de là, à quelque dose que
j'aie essayé l'eau minérale, je n'ai éprouvé que les
effets de l'affaiblissement franc. Cet effet était bien
moins prononcé et presque nul, quand je buvais à
mes repas ce liquide mêlé à du vin. Quelle est donc
la source de l'opinion contraire, qu'on proclame communément sur l'action thérapeutique des eaux minérales-ferrugineuses? La prévention, le préjugé, sans
doute! C'est que, le plus souvent, et je ne suis pas
le premier à le dire, les hydréologues se copient les
uns les autres, et que, d'ailleurs, on s'était imaginé
que le fer devait être tonique, excitant, attendu qu'on
fait avec ce métal des boulets, des canons et des sa-
bres! Qu'on mette donc toute prévention de côté;

qu'on se rende à la source, et qu'on vérifie sur soi même si ces eaux excitent, si elles donnent des forces ou débilitent ! L'on verra alors si l'opinion que je soutiens est exacte, conforme à la nature, et si l'opinion généralement enseignée et reçue n'est pas une erreur complète. Reste maintenant à savoir si cette action qui, à l'état physiologique, est affaiblissante, sera encore telle dans des cas de maladie; c'est ce que je vais voir tout à l'heure. Je fais, en attendant, remarquer que ni moi-même, ni d'autres personnes bien portantes, auxquelles j'ai fait prendre les eaux de Campagne comme moyen d'expérimentation, n'avons éprouvé de vomissements ni de nausées, malgré que le liquide ait été bu abondamment à la sortie de la source.

Je suis fâché d'être forcé de déclarer que les effets que j'ai observés des eaux de Campagne, ne s'accordent point avec les assertions émises par les honorables confrères qui ont écrit sur les eaux minérales. Il faut nécessairement que l'un de nous se soit trompé. Aussi, j'engage tous les médecins, qui ont intérêt de s'assurer de la véritable action d'un remède aussi énergique, à vérifier eux-mêmes la réalité des faits que je viens d'exposer.

J'arrive enfin à la question clinique. Mes essais sont déjà assez nombreux sur diverses affections, et les résultats que j'ai obtenus m'ont paru assez concluants. Les ophtalmies hypersténiques sont en première ligne parmi les maladies que que j'ai traitées avantageusement avec les eaux de Campagne, non-seulement

en boisson à haute dose, mais en bains, mais en fo-
mentation pérorbitaire ; de jour et de nuit ; ce moyen
a été des plus manifestes ; la congestion s'est dissipée,
l'œil a blanchi, s'est détendu, et la vue s'est éclairée.
Plusieurs malades, atteints de cystite chronique, ont
été complètement guéris ; il en a été de même pour
rhumatismes-articulaires généraux et partiels. Chez
d'autres sujets, il s'agissait de tubercules et de catarrhe
bronchique ; quelquefois il y a eu guérison, d'autres
fois mieux réel, sous la rapport de la toux et de la
quantité des crachats. Quant aux chlorotiques, tous
ou presque tous s'en sont merveilleusement trouvé.
J'en dirai autant de quelques cas de gastrite chronique,
de scrophule, de conjonctivites de longue date, sur
des sujets à constitution délicate. Les dypepsies, les
engorgements chroniques du foie et de la rate, les
suites des fièvres intermitentes, les affections scorbu-
tiques, et surtout l'aménorrhée, la leucorrhée et autres écoulements muqueux, les hémorragies passives
et les diarrhées invétérées. Cependant, il n'est pas
une de ces maladies qui ne soit hypersténique ou inflammatoire au fond, et c'est, incontestablement,
comme antiphlogistique que l'eau de Campagne a agi
heureusement. C'est donc par un véritable cercle vi-
cieux, par des croyances routinières que l'on soutient
ces vieilles caractérisations erronées de leucorrhées
asthéniques, d'hémorragies passives, de faiblesses
gastriques, etc., etc. Il y a là une double erreur à
la fois : l'une sur la nature de la maladie, l'autre sur
l'action du remède. Je ne crois par conséquent d'au-

tre contre-indication, dans l'emploi de ces eaux, que
les maladies véritablement asthéniques, telles que les
affections saturnines ou mercurielles, le diabète, les
hémorragies traumatiques, etc., etc.; et je regarde
comme erronées les proscriptions qu'on en a faites
dans les affections inflammatoires et chez les individus
bilieux, irritables et dont la poitrine est malade.

Tout ce qu'on peut dire dans ces cas de prétendue
contre-indication, c'est que l'eau minérale n'est pas
toujours suffisante à elle seule pour la guérison; mais
il y a loin de là à une contre-indication formelle.
J'aurais bien d'autres erreurs à relever sur les idées
enseignées à l'égard des eaux ferrugineuses; mais les
bornes de ce mémoire ne me permettent pas de les passer en revue. On verra, néanmoins, que les indications
et contre-indications, à l'égard de la prescription des
eaux de Campagne, sont beaucoup plus larges et très
différentes de celles connues précédemment. Les observateurs compétents et non prévenus diront si j'ai
bien vu dans cette question.

Il est une autre question, non moins importante et
par laquelle je dois terminer cette partie clinique :
c'est celle de savoir si les eaux chargées d'un bi-carbonate alcalin ont à elles seules le privilége exclusif
de détruire les graviers et les calculs de la vessie. L'expérience ne pouvait et ne devait pas confirmer les
espérances.

MM. Gay-Lussac et Pelouse, dans un rapport que
M. le docteur Bouchardat a inséré dans son intéressant *Annuaire de Thérapeutique et de Matière Médi-*

*cale, etc., pour* 1844, ont fixé l'état de la science sur ce sujet, au moins en ce qui concerne les carbonates alcalins, et voici ce qu'ils en disent :

« Les dissolvants lithotriptiques les plus em-
» ployés et dans lesquels les praticiens ont le plus de
» confiance, sont les bi-carbonates alcalins. Les ex-
» périences faites au laboratoire nous ont appris que,
» dans un grand nombre de cas, l'action de ces sels
» s'exerce plutôt sur le mucus ou les matières anima-
» les qui servent à souder entr'elles les particules des
» calculs, que sur ces calculs mêmes, fussent-ils com-
» posés d'acide urique. Le degré de dureté et de co-
» hésion de la pierre apporte, bien plus que sa na-
» ture chimique, un obstacle à sa désagrégation ou
» à sa dissolution.

» Des expériences faites à l'une des sources de
» Vichy, sur la dissolution d'un grand nombre de frag-
» ments de calcul, ont présenté des résultats sembla-
» bles, et, sauf quelques exceptions, la dissolution
» a suivi la même marche pour les calculs de la com-
» position la plus diverse. Nos résultats, à cet égard,
» sont sensiblement les mêmes que ceux obtenus, il
» y a quelques années, par M. le docteur Petit, qui
» les a consignés dans son ouvrage sur le *Traitement*
» *médical des Calculs urinaires.*

« Une caisse, percée de trous et divisée en un
» grand nombre de compartiments, a été abandonnée
» pendant deux mois dans une des sources de Vichy;
» elle renfermait de nombreux fragments de calculs.
» Tous ces fragments ont diminué de poids, souvent

» dans des proportions considérables, mais aucun n'a
» été complètement dissous ni désagrégé; tous pré-
» sentaient encore un volume beaucoup plus consi-
» dérable que le diamètre du canal de l'urètre, encore
» bien que chacun d'eux ne pesât pas plus de dix
» grammes avant l'expérience.

» Nous n'insisterons pas davantage sur ces essais
» de dissolution des calculs dans les eaux de Vichy,
» parce que nous ne les considérons pas comme ayant
» beaucoup d'importance. Nous ferons seulement ob-
» server que le progrès de la dissolution, quoique
» très lent dans ces eaux, est cependant plus marqué
» que dans les dissolutions de carbonate ou de bi-
» carbonate alcalin; cela nous paraît tenir surtout à
» ce que les eaux thermales de Vichy laissent dégager
» sans cesse de grandes quantités d'acide carbonique
» qui agit mécaniquement sur les calculs, et tend,
» en conséquence, à hâter leur dissolution ou leur
» division. »

A l'exemple de MM. Gay-Lussac et Pelouse, j'ai
voulu expérimenter si les eaux de Campagne, bien
que privées de bi-carbonates alcalins, pouvaient donner des résultats comparatifs. Je dois prévenir que je
n'ai opéré que sur des graviers plus ou moins volumineux et desquels j'aurai le soin de préciser le poids,
privé d'agir sur des calculs.

Le 6 août 1845, à neuf heures du matin, j'ai mis,
dans un verre ordinaire, 20 graviers pesant ensemble
dix centigrammes (2 grains); ce verre a été étiqueté
du n⁰ 1.

Dans un second verre, j'ai mis un seul gravier plus volumineux, du poids de dix centigrammes (2 grains) portant l'étiquette n⁰ 2.

. Ces deux verres ont été remplis d'eau minérale de Campagne et placés, à vaisseau découvert, dans une armoire soigneusement fermée à clef.

Le même jour et à la même heure, j'ai plongé dans le bassin qui sert à l'alimentation des bains trois flacons à large goulot :

- Le premier, n⁰ 1, contenait un petit calcul du poids de trente-cinq centigrammes (7 grains);

Le second, n⁰ 2, renfermait un autre calcul pesant trente-cinq centigrammes (7 grains);

Enfin, le troisième, n⁰ 3, contenait 33 graviers pesant ensemble ving-cinq eentigrammes (5 grains).

Pour ne pas laisser tomber ces flacons au fond du bassin, je les avais attachés par le rebord du goulot et j'avais fixé la ficelle de chacun d'eux à des clous que j'avais implantés dans l'un des murs du bassin.

Eloigné de l'établissement thermal de Campagne, je n'ai pu vérifier les progrès de désagrégation et de dissolution que ces eaux exerçaient sur ces petits calculs et graviers comme je l'aurais désiré; mais, deux mois après, c'est-à-dire le 6 octobre, j'ai été assez étonné de voir qu'ils avaient été complètement dissous.

Quel est maintenant l'élément minéralisateur de ces eaux qui a la propriété de dissoudre les concrétions urinaires? Cette question semble de prime abord difficile à résoudre, et bien certainement je n'y serais pas aisément parvenu si, avant ces expériences, je n'avais pas été fixé sur le résultat de mes recherches.

M. Borrel, que j'ai déjà cité dans mon travail, et qui s'occupe presque constamment d'expériences chimiques, s'aperçut un jour, en faisant une préparation d'iodure de fer et en jetant les eaux mères de cette préparation dans un pot de nuit, entièrement incrusté d'acide urique, que ces incrustations disparaissaient complètement. L'amitié qu'il m'a vouée le porta à me communiquer cette découverte. L'idée me vint alors que les eaux de Campagne, comme beaucoup d'autres, pourraient contenir quelques principes d'iode. Mes expériences d'abord, et puis l'analyse de M. Borrel, n'ont point démenti mes prévisions.

Mais, me dira-t-on, il y a loin de la dissolution des graviers et des petits calculs, avec votre manière d'expérimenter et de la dissolution qui doit s'opérer par l'usage des eaux minérales de Campagne, en boisson et en bains. Pourrez-vous me prouver qu'elles agissent de la même manière? Permettez-moi de répondre affirmativement; à vous, plus tard, de me combattre, si j'avais tort. Révoquez-vous en doute l'action dissolvante des bi-carbonates alcalins, tels que ceux des eaux de Vichy, par exemple? Les expérimentations de MM. Petit, Gay-Lussac et Pelouse ne sont-elles pas là, et l'observation clinique ne vient-elle pas les confirmer? Vous avez mes expériences, et vous aurez encore deux observations que vous trouverez dans la dernière partie de mon travail.

Les carbonates et bi-carbonates alcalins ne sont donc pas les seuls principes dissolvants des concrétions urinaires; et le savant et judiciaire Alibert avait raison de dire que toutes les différentes propriétés des eaux minérales se confondaient entr'elles dans beaucoup de circonstances, et que les observateurs avaient eu raison d'énoncer que les eaux minérales ne pouvaient convenablement être jugées que d'après les nombreux résultats de l'expérience clinique; puis il ajoutait : qu'avec des principes différents, elles pouvaient opérer les mêmes guérisons et agir d'une manière identique dans les mêmes maladies. Pour les eaux minérales, l'art de l'expérience est encore à créer.

Disons un mot sur les boues minérales ou autrement dit des matières fangeuses qu'on trouve dans la partie inférieure des bassins des eaux minérales. Depuis l'antiquité, ces boues avaient appelé l'attention comme remède externe. Présumant, avec raison, qu'elles contenaient des particules minérales déposées par l'eau ou émergées par le frottement contre les parois des artères souterraines, et entraînées par le liquide, les anciens les prescrivaient en fomentations, et l'on faisait, comme pour les eaux elles-mêmes, plus de cas de celles qui étaient naturellement thermales. On employait cependant pareillement les boues froides en toute saison; mais plus particulièrement lorsqu'elles étaient réchauffées par un soleil ardent. Le fameux étang Bethesda, à Jérusalem, doit sa renommée à sa boue; les malades y accouraient et attendaient, dans un local bâti sur le bord de ce lac, le moment où la pluie ou le vent venaient remuer la fange pour s'y jeter. Galien vantait la terre grasse de s champs, comme cataplasme dans les inflammations chroniques, dans les tumeurs œdémateuses, et il ajoute avoir vu, à Alexandrie, des hydropiques guérir par des cataplasmes de boue du Nil. On composait aussi des boues avec de la terre grasse et des eaux minérales naturelles, on les appelait *cœnum* ou *lutum (balnea cœnosa)*, et cette pratique est conservée encore dans le peuple de certains pays. Dans les boues minérales véritables, il faut voir dans leur application deux choses : leur température différente de celle du corps, et l'absorption des principes minéraux qu'elles contiennent; voilà pour leur action dynamique. Il faut considérer à part leur humidité, leur onctuosité émolliente qui agit comme moyen mécanique et peut concourir à augmenter l'effet antiphlogistique, en favorisant, ainsi que la chaleur, l'absorption.

De nos jours, on fait moins de cas des boues minérales, c'est peut-être à tort. Celles de St-Amand cependant, de Barbotan, de Bagnères-de-Luchon, de Bagnols, de Bourbonne, de Cauteret, d'Ax, de Néris, d'Ussat, etc., conservent toujours une certaine réputation. En Italie, les boues d'Acqui; d'Aix en Savoie, et d'une foule d'autres localités, sont toujours employées, surtout dans les affections locales de nature inflammatoire, telles que les tumeurs blanches, la carie profonde, les plaies anciennes et les cicatrices douloureuses, etc.; et les résultats sont généralement avantageux, surtout lorsqu'on prend les boues aux

sources mêmes. L'on comprend de pareils résultats,
d'après les principes que je viens de signaler, surtout
quand on joint à ce moyen externe l'usage interne
des eaux. Il est évident que les boues doivent perdre
une grande partie de leur énergie lorsqu'on les laisse
refroidir ou dessécher pour les transporter au loin.

Toutes les régions du corps, les paupières même
sont accessibles à l'application des boues minérales.
Lorsqu'il s'agit de leur application, on doit faire attention à leur degré de température. On a pour pratique
de les appliquer aussi chaudes que possible ; on compte
ainsi sur la prétendue action révulsive : j'ai démontré
l'erreur et les inconvénients de cette conduite. Il est
clair qu'une chaleur trop intense agit comme stimulant et peut exaspérer la maladie, si celle-ci est à
fond inflammatoire, ainsi que cela a lieu le plus souvent. Mieux vaut donc, comme règle générale, s'en
tenir à une chaleur modérée ; il y a deux avantages
d'en agir de la sorte : d'une part on n'ajoute pas à la
chaleur morbide préexistante qui ordinairement est
au-dessous de celle de l'état normal ; de l'autre on fa-
vorise le ramollissement de l'épiderme et l'absorption
des principes minéraux. Il est de ces cas néanmoins
où l'on pourrait avoir intérêt à faire passer une affection chirurgicale de l'état chronique à l'état aigu pour
la mieux guérir ; on peut alors, comme cas excep-
tionnel, faire usage d'une boue très chaude ; mais cet
emploi ne doit être que momentané autant de temps
que l'indication le réclame. Il va sans dire, au surplus, que le degré de chaleur doit varier selon la sen-

sibilité naturelle de la région sur laquelle on opère ; il peut être souvent nécessaire de placer entre la surface malade et le cataplasme de boue un morceau de toile molle et fine, ou de gaze, ou de papier poreux préalablement trempé dans l'eau minérale. En général, cependant, on doit préférer l'application à nu.

\* En suivant ces préceptes, je suis parvenu à faire disparaître complètement plusieurs paquets de glandes scrophuleuses que les malades portaient aux creux des aisselles et sur d'autres parties du corps.

---

## RÉSUMÉ ET CONSIDÉRATIONS GÉNÉRALES.

—

Après avoir passé en revue l'action thérapeutique de chaque principe minéralisateur, je suis autorisé à conclure :

1o Que le seul élément qui peut produire de l'excitation est, sans contredit, le calorique.

2o Que les différents sels magnésiens, sodiques, ferrugineux et généralement tous ceux qui entrent dans la constitution intrinsèque des eaux minérales ferrugineuses exercent une action dynamique-hyposténisante, ralentissent les mouvements fonctionnels des organes, et agissent par là comme un excellent antiphlogistique. Je me suis assuré que cette action s'exerçait surtout, avec d'admirables résultats, dans les engorgements avec induration des viscères, des tissus, des glandes lymphatiques, et que ces résultats avaient pour principe une action dissolvante dans les solides et les liquides, ce qui veut dire, en d'autres termes, que les eaux ferrugineuses tendent à augmenter la masse du sérum et à diminuer la force de cohésion des tissus. Si ces observations sont exactes, on doit prévoir que le bain de ces eaux doit agir de la même manière et produire les mêmes effets; il semblerait même, au prime abord, que la différence possible entre l'usage interne et le bain de la même eau devrait être en faveur de ce dernier; car, dans le bain, tout le corps est immergé et l'eau agit sur une grande surface; l'absorption devrait être plus grande et l'effet, par conséquent, plus énergique, car les principes minéralisateurs passent par la peau directement dans le sang, sans être altérés, comme dans le travail de la digestion, et en contact des liquides intestinaux.

3o Il demeure prouvé, pour moi comme pour toutes les personnes qui liront avec attention le rapport que Venel délivra sur les eaux de Campagne, en 1759, que ces eaux doivent *tempérer*, *humecter et rafraîchir*, et non exciter et tonifier, comme l'ont pensé tous les auteurs qui ont écrit sur les eaux minérales. On est péniblement affligé de voir l'incertitude qui règne sur ce point scientifique, et quel sentiment ne doit-on pas éprouver en pensant qu'il en est de même de la thérapeutique, où tout est désordre, confusion et cahos. Parmi les nombreux médecins qui existent et qui se font tous les jours, comment s'en trouve-t-il si peu qui; cessant de croire sur la parole des maîtres, osent douter un instant et cherchent à vérifier l'exactitude de ce qui leur est enseigné !

Un moyen nous est offert pour l'étude des médicaments, c'est l'école italienne qui l'enseigne. Resterons-nous sourds, insensibles en présence de la large expérimentation qu'elle s'efforce d'introduire dans la branche la plus importante de l'art de guérir ? Non. Tout médecin de bonne foi et qui veut se trouver à la hauteur de la science doit adopter cette nouvelle théorie, ne serait-ce que pour y trouver ou non la vérité. Quant à moi, j'y crois, j'ose l'avouer, et je ne saurais le proclamer trop haut : la direction que cette doctrine imprime à la thérapeutique doit lui mériter la reconnaissance de tous les hommes qui aiment à s'instruire; et un jour viendra où l'on regrettera, mais trop tard, les attaques injustes dont la supériorité est le but caché.

# Cinquième Partie.

## Manière de faire usage des Eaux Minérales de Campagne sur les lieux ou ailleurs; conduite et régime à tenir en les prenant.

—

L'ÉPOQUE la plus favorable pour prendre les eaux, est celle du 15 mai au 15 novembre de chaque année.

Avant d'en commencer l'usage, il convient de se reposer de la fatigue du voyage, ou d'une course qui a échauffé le corps; car, dans ces cas, elles pourraient devenir dangereuses.

On doit les prendre de bon matin, non-seulement pour déjeûner à l'heure habituée, qui doit être respectée chez un assez grand nombre d'individus, mais encore pour n'avoir plus à boire lorsque la chaleur atmosphérique pénètre le corps.

On en détermine la dose suivant l'âge, le sexe, le tempérament du sujet et la maladie qu'on a à combattre.

On les fait ordinairement prendre en trois doses égales, à une demi-heure ou trois quarts d'heure d'intervalle l'une de l'autre; et pour qu'elles passent plus facilement, il est utile de faire de courtes promenades, soit sur les bords ombragés de l'Aude, soit autour de l'établissement.

Si les malades doivent les boire en plus grande quantité, on doit leur recommander d'en rapprocher les doses.

La dose ordinaire, pour un enfant de neuf à douze ans, est de trois quarts de verre; celle de la femme, d'un verre à deux, et celle de l'homme, de trois à quatre verres. On doit condamner hautement l'usage où sont quelques personnes de se gorger d'une grande quantité d'eau minérale.

Dans l'état de gestation, les femmes peuvent prendre les eaux sans avoir à redouter le moindre accident.

Dans quelques circonstances ces eaux produisent un léger enrouement; on le fait bientôt cesser en en suspendant l'usage pendant un à deux jours, et en prenant quelques verres de lait, de petit-lait ou une décoction de guimauve.

Il est des cas qui nécessitent de modérer l'action de ces eaux; on y parvient facilement en les mélant avec une quantité déterminée d'infusion de tilleul, de mélisse, de lait ou de petit-lait.

Les sels neutres que l'on ajoute, soit au début, soit à la fin de l'usage des eaux, ne peuvent être admis que lorsque le besoin de purger est bien prononcé et quand les eaux minérales n'ont pas produit d'évacuation intestinale.

Il est toujours plus convenable de boire les eaux à la source qu'ailleurs; on peut cependant les prendre chez soi, si le cas venait à l'exiger, mais elles seront loin de produire les mêmes résultats. Dans ce cas, il est des précautions à prendre pour leur conserver les principes volatils et autres dont elles sont saturées. Ainsi, après avoir empli les bouteilles on les bouchera aussi bien que possible, et, au moment où le malade en voudra faire usage, on plongera la bouteille dans un verre d'eau ordinaire, à 26 ou 27 centigrades, afin de redonner à l'eau minérale qu'elle contient le degré de température convenable, c'est-à-dire naturel, qui est de 22 à 23 Réaumur. On aura le soin de bien fermer la bouteille à chaque dose.

Pour se garantir du frais du matin et du soir, on doit suffisamment couvrir le corps, soit avec des habillements d'hiver, soit avec des gilets et des caleçons en flanelle, pour les personnes faibles et malades.

Le temps que l'on doit passer aux eaux doit être subordonné à l'affection morbide que l'on a à détruire.

Un bon bouillon, pris une heure après la dernière dose d'eau, n'est pas à mépriser.

Une heure après le bouillon, il est nécessaire de déjeûner; on doit le composer d'un bon potage au gras, de quelques viandes au ragout, grillées ou rôties, de café au lait, de chocolat, de beurre, ou d'œufs frais.

Une fort mauvaise habitude s'est introduite depuis quelque temps dans le genre d'alimentation des baigneurs, et on ne saurait trop tonner contre elle. A dix heures du matin, heure ordinaire du déjeûner, l'estomac est vide, affaibli et réclame impérieusement des aliments solides, excitants et toniques ; c'est alors qu'on doit lui accorder un très bon potage, au lieu de ne le prendre qu'au dîner, le soir.

Pour retirer des eaux, en boissons et en bains, tous les résultats possibles, on ne devra pas perdre de vue la sobriété ; une trop grande quantité d'aliments ne peut que fatiguer l'estomac et occasionner des dérangements qui ne sont malheureusement que trop fréquents : il faut donc manger moins et s'en tenir à la règle ordinaire.

On doit encore observer la qualité des aliments ; ils seront choisis parmi les plus nourrissants. Toutefois, en donnant ces préceptes, on ne doit point bannir de la table les aliments grossiers, puisque l'habitude les rend nécessaires aux personnes qui se livrent aux pénibles travaux de l'agriculture.

Les bons potages, la bonne volaille, le mouton, le bœuf, le veau, rôtis ou bouillis ; le gibier, le poisson, le laitage, les racines potagères, les herbes, le fromage de Roquefort, les fruits bien mûrs de la saison et le bon vin, seul ou mêlé avec l'eau ordinaire ou encore avec l'eau minérale, doivent être la base du régime des buveurs.

On ne doit pas oublier l'exercice modéré, qui, en stimulant les forces, donne de la gaîté à l'esprit. Les promenades à pied et à cheval, la chasse, la conversation et le chant, sont encore des moyens qui, par leur action physique sur le corps, favorisent puissamment les effets des eaux.

Le bain doit être pris avant les doses d'eau, dans les maladies longues et opiniâtres, ou immédiatement après, lorsqu'il s'agit de combattre une affection légère, ou le soir, après la digestion du déjeûner, une heure et demie avant le dîner.

Le malade pourra rester dans le bain tout le temps qu'il jugera convenable, pourvu qu'il s'y trouve agréablement. Dans la plupart des cas, une heure doit suffire.

Ce ne sera jamais le degré de température de l'eau minérale qui devra guider les malades; le meilleur thermomètre, pour eux, sera leur degré de sensibilité et le genre d'affection qu'ils auront à traiter.

Il n'est pas toujours nécessaire de se mettre dans son lit à la sortie du bain; il est quelquefois utile de le faire.

Je dois appeler l'attention de mes confrères, comme celle de toutes les personnes qui fréquentent les établissements thermaux, sur les inconvénients et les dangers des bains trop chauds, eu égard à l'action stimulante du calorique, si nuisible dans les maladies à fond d'excitation; je crois avoir distingué cependant cette action instantanée du bain de celle des principes minéraux qui constituent le liquide et qui est toujours consécutive à celle-là, car elle est sous la dépendance de l'absorption. Cette double action ne me paraît pas avoir été bien comprise par les hydrologues; aussi s'étaient-ils bornés à défendre les bains thermaux dans les maladies inflammatoires, sans réfléchir qu'en laissant refroidir l'eau, ou en la mêlant avec une eau minérale froide, on pourrait faire profiter ces mêmes malades de l'action antiphlogistique des principes minéralisateurs, sans s'exposer à l'inconvénient de la thermalité excessive.

Parmi les questions pratiques importantes qui se rattachent au sujet des bains, il en est une sur laquelle je dois insister, je veux parler de l'heure à laquelle on doit prendre les bains dans les établissements d'eaux minérales. L'usage a déjà établi qu'il faut prendre les bains le matin à jeun. Cette mesure offre une importance que tout le monde ne sait pas peut-être apprécier à sa juste valeur. Le but du bain médicamenteux étant d'introduire du liquide dans l'organisme par l'absorption cutanée, il est clair que le matin, après le repos de la nuit, après la transpiration et la digestion de la veille, et avant qu'on ait rien mangé, le corps est dans les meilleures conditions pour atteindre le but de l'absorption. Dans certains cas, il peut y avoir intérêt à ce qu'on profite le plus possible de l'absorption cutanée; en conséquence, plus le système vasculaire est vide quand on entre dans le bain, plus l'absorption sera grande. Par la même raison, on doit, si cela se peut, ne permettre des aliments qu'après avoir pris les doses d'eau nécessaires. Il n'est pas avantageux de faire lever les malades dès trois heures du matin pour prendre les bains, ainsi que cela se pratique à Vichy. Il est clair que si le sommeil est interrompu, s'il ne s'est pas passé un temps assez long pour la digestion du dernier repas, l'organisme n'est pas dans les meilleures conditions pour profiter du bain. On ordonne quelquefois deux bains par jour ; cette pratique n'est pas la meilleure quand il s'agit de maladies chroniques : le second bain, en effet, profite peu aux malades, par la raison qu'à l'heure du soir, à laquelle on est obligé de le prendre, le système vasculaire est déjà saturé par l'absorption des aliments et de l'eau du jour. Il est donc plus convenable de s'en tenir à un seul bain par 24 heures, et de s'aider, pour le reste de la journée, avec de l'eau minérale en boisson. On ne doit pas oublier, au surplus, que pour les affections viscérales, la boisson abondante profite beaucoup plus que le bain lui-même. Il est important de ne prendre les bains qu'à une température modérée.

La durée du bain est un sujet digne de la méditation du praticien. Dans un bain très thermal, comme ceux qu'on donne à Rennes et ailleurs, les malades peuvent à peine rester de 5 à 10 minutes ; le corps absorbe, sans doute, mais peu, relativement à ce qu'il absorberait par un séjour prolongé dans ces eaux ; le calorique, dans ces sortes de bains, est un agent dont on doit redouter les effets. On doit, en général, préférer pour les maladies chroniques les bains prolongés, par conséquent d'une température modérée. On a fait remarquer, avec juste raison, qu'un bain de dix heures, divisé en dix bains d'une heure, n'équivalait pas à un bain de six heures ( Granetti, *sulle terme d'Acqui* ). On doit, au reste, en régler la durée d'après le degrès de tolérance ; on peut, s'il n'y a pas de contre-indication, permettre quelquefois au malade de petites gorgées de bon vin vieux, pour le relever des faiblesses qu'il pourrait éprouver pendant un long séjour dans l'eau. On croit communément que les eaux réussissent lorsque, après les premiers bains, les malades éprouvent une exaspération de leurs souffrances. Cette circonstance n'a lieu ordinairement qu'aux thermes très élevés; elle tient à l'action stimulante du calorique, et elle est loin d'être appréciée comme elle le mérite. De ce que certaines maladies chroniques ont besoin de revenir à l'état aigu pour marcher vers une résolution franche et complète, il ne s'ensuit pas qu'une pareille exaspération soit indispensable pour la guérison. On doit donc éviter généralement une pareille recrudescence, si cela se peut, en ne permettant que les bains d'une température douce. Cette recrudescence serait elle-même très nuisible si elle n'était bientôt combattue par l'action antiphlogistique des principes minéralisateurs, laquelle succède à celle du calorique. On pense que le bain est salutaire, lorsque le malade éprouve une sueur douce et prolongée, et un sentiment de bien-être général. Pour ne pas troubler ce travail consécutif, on doit se coucher après le bain, sans beaucoup se couvrir, et ne prendre des aliments qu'après un repos convenable.

# Sixième Partie.

—

Je consacre cette dernière partie de mon travail à rapporter les observations que plusieurs de mes honorables confrères ont recueillies, et je les fais suivre de celles qui me sont propres.

1re Observation : *Hépatite chronique.* — La veuve Cazanave, de Caunes, vint à Campagne en 1843, y resta vingt jours pour un engorgement au foie qui avait résisté jusques-là à tous les moyens thérapeutiques indiqués contre ce genre d'affection. Parfois cet engorgement semblait céder à l'usage de quelques-uns d'entr'eux ; mais il reparaissait de nouveau après quelques jours de calme, et cela sans cause connue. Ces rechutes fréquentes, pendant l'hiver et le printemps de cette année, avaient tellement exténué cette femme, qu'on croyait dans le pays qu'elle ne pourrait pas faire le voyage de Campagne ; en effet elle le fit avec beaucoup de difficulté. Après le 20me jour, cette malade avait déjà repris l'embonpoint dont elle avait joui avant sa maladie, et elle repartit de l'établissement dans un état si satisfaisant et si soutenu, qu'elle n'a plus eu besoin d'y revenir.

2e Observation : *Métrite chronique avec douleurs gravatives de la région des ovaires.* — La femme Bru née Salomou, de Caunes, souffrait depuis long-temps d'une métrite chronique avec douleurs gravatives de la région des ovaires ; elle se rendit à Campagne en 1843, et en revint, quinze jours après, dans un état des plus satisfaisants. Cet état s'est amélioré de jour en jour ; les douleurs de l'abdomen ne se sont plus faites sentir, les symptômes de la métrite n'ont plus reparu, les menstrues qui éprouvaient les plus grandes irrégularités et dont les approches étaient marquées par de douleurs très vives, sont depuis lors d'une régularité parfaite et sans la moindre douleur. Cette femme, qui n'est pas dans une position de fortune pour faire de grandes dépenses, ne put pas revenir à Campagne en 1844 ; mais, ayant eu l'occasion, à la fin de l'été dernier, d'aller accompagner son frère, dont je parlerai plus tard, elle se rendit à Campagne à la fin de la saison dernière, et elle en revint dans un état de santé qui paraît désormais à l'abri de toute rechute.

3e Observation : *Gastralgie.* — Depuis longues années, et par suite de privations de tout genre qu'elle imposait à son estomac, Mlle. X. fut prise d'une affection gastralgique grave ; les digestions, chez elle, étaient des plus pénibles. Je lui conseillai d'aller boire les eaux de Campagne ; elle y fut en 1843, et elle en revint en si bon état, que, depuis cette époque, elle n'a plus souffert et n'a plus eu besoin des moyens

thérapeutiques dont elle faisait auparavant un usage
journalier et de tous les instants.

4e OBSERVATION : *Engorgement chronique de la prostate avec écoulement urétral.* —Depuis bien long-temps
M. A. se trouvait atteint d'un écoulement urétral avec
engorgement chronique de la prostate; il prit, par
mes conseils, les eaux et plus particulièrement les
bains de Campagne à la température naturelle ( 27o
centigrades ), avec douches sur la région périnéale;
quelques jours après il s'aperçut que son écoulement
avait en grande partie diminué, et il partit très satisfait de l'action des eaux et des bains. Il revint l'année
suivante à Campagne; il employa les mêmes moyens
en boisson, bains et douches, et son écoulement céda
entièrement pour ne plus reparaître.

5e OBSERVATION : *Relâchement considérable des organes sexuels.* — M. **, jeune ecclésiastique d'un rare
mérite et d'un talent distingué, chez lequel, sans cause
connue, s'était déclaré un état de relâchement des
plus considérables dans les organes sexuels; état qui
donnait lieu à des pollutions nocturnes qui se répé-
taient plusieurs fois dans la nuit, ce qui avait grave-
ment influencé le cerveau du malade, prit en 1842,
avec la plus grande persévérance, les eaux et les
bains des sources de Campagne, en se douchant dans
la baignoire même avec l'eau du robinet, à la température naturelle, qu'il fesait tomber avec force sur
les parties génitales et sur le périnée. Ce jeune homme,
en quittant l'établissement, avait déjà éprouvé un
amendement marqué, amendement qui a été toujours

en augmentant, et à tel point que les organes sexuels reprirent, dans peu de temps, leur état normal. Alors la réaction qui s'était manifestée au cerveau cessa, la mémoire revint meilleure, et il eut le bonheur de voir sa tête reprendre le calme qu'elle avait perdu. Bientôt après il prit part à des discussions théologiques dans lesquelles il brilla, et par suite il fut admis aux ordres sacrés et, plus tard, à la prêtrise, ce que ses parents et ses amis regardaient comme impossible.

6e OBSERVATION : *Abus des plaisirs vénériens, inertie complète des organes générateurs ; dépérissement général.* — M. \*\*\*, âgé de 23 ans, artiste distingué, qui fit l'ornement des soirées de Campagne, en 1843, était arrivé, par des excès en tout genre, à un état de dépérissement des plus marqués. Ses organes génitaux avaient été tellement froissés, qu'ils ne fonctionnaient plus, et que la femme la plus à sa convenance ne pouvait plus rien lui inspirer. Cet état le désolait, et je l'ai vu plusieurs fois se livrer au plus grand désespoir. L'emploi des bains et des eaux de Campagne en boisson et à la température naturelle a fait cesser cet état d'atonie ; les organes génitaux ont repris leurs fonctions qu'ils remplissent très bien maintenant, à la grande satisfaction de M. \*\*\*

7e OBSERVATION : *Fièvre à type tierce et quarte avec augmentation extraordinaire du volume du foie et de la rate.* — Le jeune Salomou, frère de la femme qui fait le sujet de l'observation N° 2, fut pris, au printemps de 1844, de fièvre intermittente, sous le type tierce et sous le type quarte, par le séjour qu'il fit

dans les environs marécageux de l'ancien étang de
Marseillette. Après avoir suivi plusieurs traitements
sur les lieux, traitements qui, plus ou moins bien dirigés et suivis avec la plus grande exactitude, pro-
duisaient toujours un calme plus ou moins long sans
que cependant le malade pût jamais reprendre ses occupations ; sa santé étant toujours chancelante et les
accès reparaissant on ne savait trop comment, et se
voyant, pour ainsi dire, le jouet de sa maladie,
vint à Caunes, son pays natal, et me consulta. Je
trouvai chez lui les organes abdominaux très dévelop-
pés, particulièrement le foie et la rate dont le volume
était si fort, que l'on pouvait dire, sans exagérer,
qu'il était quatre fois celui de l'état naturel. Au moment où je vis ce malade, il y avait dans son état
quelques symptômes d'accuité qui cédèrent facilement aux moyens ordinaires. Je dirigeai au plutôt le
malade sur Campagne; son état, étant des plus graves, ne lui permit pas de faire seul le voyage et il
prit, à ses frais, sa sœur qui fut enchantée de trou
ver une occasion de revenir à cet établissement.
Après 20 jours de séjour, tous les deux revinrent,
mais plus particulièrement le frère, avec la santé la
mieux établie. Le jeune Salomou contracta de suite
un mariage qu'il avait projeté depuis quelque temps
et qu'il considérait comme impossible depuis qu'il
avait les fièvres.

8e OBSERVATION : *Inflammation chronique des organes
parenchymateux de l'abdomen, avec participation de l'u-
térus et de ses annexes.* — Je citerai enfin la femme

Chastans, de Mérinville, que j'ai dirigée sur Campagne
vers le milieu de septembre 1844, et dont un grand
nombre de baigneurs doivent se rappeler, car il m'a
été rendu que, quand cette femme arriva à l'établisse
ment thermal, tout le monde ne put s'empêcher de
faire un mouvement de surprise et de témoigner son
mécontentement contre le médecin qui osait ainsi faire
voyager un cadavre. Tout le monde ignorait mon nom,
mais aujourd'hui il n'en sera pas ainsi, à cause de la
publicité que je donne à cette belle et intéressante
observation. Quelques jours après, la surprise se
changea en admiration ; cette infortunée femme, de
cadavre qu'elle était, devint graduellement une belle
femme, et tous les habitants de Mérinville, comme
moi, lorsqu'elle fut de retour, criâmes au miracle, et
depuis lors nous ne la désignons que sous le nom de
*ressuscitée*.

Cette malade, comme a pu s'en convaincre le médecin des thermes de Campagne, était affectée d'une
inflammation chronique des organes parenchymateux
de l'abdomen, de laquelle participait l'utérus et ses
annexes. Traitée avec méthode et discernement, je
dois le dire, par son médecin ordinaire, qui avait mis
chez elle les traitements les plus rationnels et les
mieux combinés, elle était cependant parvenue à un
état de marasme complet ; toutes les fonctions nutri-
tives étaient en quelque sorte anéanties. Par suite, on
crut avoir affaire à une affection de la poitrine, et si
son mari consentit à me l'emmener, ce fut par pure
complaisance et pour ne pas lui déplaire, ainsi que

l'on fait à quelqu'un que l'on croit incurable et que l'on veut contenter pour une dernière fois.

Un examen attentif me fit reconnaître chez la femme Chastans le principe et la cause de son grand dépérissement, de son épuisement total qui n'étaient nullement dans les organes de la poitrine ; mais je ne trouvai pas la position de cette femme moins grave, à cause surtout de ce grand état de prostration contre lequel je jugeai qu'il n'y avait à employer que les eaux de Campagne, pensant cependant, et étant moralement persuadé que si elle pouvait arriver à l'établissement thermal elle serait sauvée, si elle pouvait l'être encore.

Rentrée le soir chez elle avec son mari, un conseil de famille fut réuni pour délibérer sur ma proposition. Les voix furent plus que partagées contre, mais la malade persista à vouloir partir, et on n'osa pas lui refuser. Elle supporta assez bien son voyage, ce qui lui donna beaucoup de courage ; elle prit les eaux en suivant mes indications et sous la surveillance de M. Gabalda, chef et propriétaire de l'établissement; jour par jour son état s'améliora comme par enchantement ; elle fut très bien secondée par toutes les personnes qui servaient l'établissement, elle n'a cessé de me le dire, tant la gravité de son état avait attiré l'attention de tout ce qui l'entourait.

L'amélioration qu'a éprouvé cette femme a été encore en augmentant pendant quelque temps, après son retour chez elle; et aujourd'hui elle est si bien que je crains fortement, malgré sa promesse de revenir à Campagne, qu'elle ne tienne pas sa parole.

Tels sont les cas les plus saillants dont j'ai gardé le souvenir et les notes. Je pourrais bien publier quelques cas de guérison de leucorrhée chez des femmes que j'ai envoyées à Campagne, mais j'en suis retenu par la convenance, parce que je ne dois point faire connaître leurs noms; d'ailleurs, tous mes confrères sont à peu près fixés aujourd'hui sur l'efficacité de ces eaux, dans les cas de leucorrhée ou fleurs blanches.

Dr GRILLARD *signé*

9e OBSERVATION : *Catarrhe vésical.* — Le 23 juillet 1840, j'étais atteint d'un catarrhe vésical accompagné de dysurie et strangurie. J'ai mis en usage quelques moyens antiphlogistiques qui n'ont pas calmé mes douleurs. Je me suis rendu aux bains de Campagne, où, après un séjour d'un mois, de l'usage des eaux et des bains, je me suis trouvé totalemeut calmé et débarrassé d'une maladie bien souffrante, à cause de la difficulté que j'éprouvais en urinant.

L'année d'après, je suis revenu aux bains, non par besoin, mais par reconnaissance. Depuis lors, je n'ai eu aucune espèce de récidive de cette maladie.

10e OBSERVATION : *Retention de menstrues ; engorgement des glandes mésentériques.* — Mademoiselle G., de Conilhac, arrondissement de Narbonne, âgée de 18 ans, d'un tempérament lymphatico-bilieux, souffrait depuis trois ans de fortes douleurs de coliques, occasionnées par une retention menstruelle et par un engorgement scrofuleux des glandes mésentériques. Tous les traitements méthodiques qui ont été employés, pour combattre cette affection morbide et provoquer le flux périodique, ont échoué.

Dans le mois de décembre 1842, je conseillai à la malade d'aller à Campagne prendre les eaux et les bains. Quinze jours de l'usage de ces eaux ont suffi pour calmer les douleurs de ventre et provoquer le flux menstruel; depuis, cette demoiselle jouit de la plus parfaite santé.           Dᵣ LASSERRE *signé*.

11e OBSERVATION : *Gastrite aiguë passée à l'état chronique avec asthénie ou sub-irritation nerveuse.* — La femme Catherine Montagnier, de Cailhau, âgée de 45 ans, d'un tempérament nervoso-sanguin, encore bien réglée, ayant toujours joui d'une bonne santé jusqu'au 2 octobre 1844, époque à laquelle je fus mandé auprès d'elle pour lui donner mes soins, m'offrit les symptômes suivants : face injectée, peau chaude et sèche, pouls plein et fréquent, bouche sèche et soif, douleurs sur-orbitaires, douleurs à l'épigastre et aux lombes, avec nausées, en un mot tous les symptômes d'une gastro-céphalite.

Prescription : saignée au bras, douze sangsues à l'épigastre, cataplasmes émollients, limonade gommeuse, diète absolue. Le 3, mieux; même régime, tout marche ensemble vers le bien jusqu'au 10, lorsque je lui permis un peu de bouillon avec un peu de pain dedans. La malade se trouve fort mal de ce premier essai; les parents et elle-même s'en inquiètent; on m'envoie prendre, mais je suis absent pendant vingt-quatre heures; alors on se décide de mander mon honorable confrère, M. le docteur Guilhem, de Montréal. Ce dernier, pensant que la maladie prenait le caractère d'une fièvre bilieuse, et qu'un cathartique convient, fait espérer à la malade qu'elle trouvera sa guérison dans ce moyen. Il prescrit donc une potion émétisée dont j'ignore la formule; mais la malade ne veut se décider à la prendre qu'après m'avoir vu et me faire part de ce qui s'était passé. Le 11 au soir seulement je revois ma malade et je la trouve dans l'état suivant : forte douleur à la tête, douleur à l'épigastre, figure pâle, langue très chargée et jaunâtre, légers frissons, légères douleurs dans l'abdomen, constipation. Ces dispositions organiques me firent être du même avis que mon confrère, et je l'engageai à prendre la potion émétisée; cependant, comme je craignais que les vomissements éveillassent la gastrite primitive, je lui fis prendre l'émétique en lavage; il ne resta pas moins que de procurer des vomissements inouis, des douleurs aux régions dortale et sternale, avec contraction de l'œsophage et du cardiaque, avec difficulté d'avaler la plus petite quantité de liquide, contractions et renvois continuels de gaz par la bouche. Le 13, prescription : potion antispasmodique, cataplasme laudanisé sur l'épigastre. 14, même état : contraction du cardiaque, potion de rivière, bains de siége, lavements huileux. Le 15, léger amendement; plus de signes d'irritation, langue saburrale, dégoût pour toute sorte d'aliment. Le 16, réapparition des renvois de gaz, sensation de boulimie. Les 18, 20 et 22, accès fébrile bien marqué par intermittence, commençant par le froid : légère décoction de quinquina,

frictions avec une pommade composée de 5 grammes
de quinine et 30 grammes d'axonge aux régions axil-
laires. Le 26, disparition des accès intermittents,
même spasme de l'estomac, nausées et difficulté et
impossibilité même d'avaler : application d'un vésicatoire à l'épigastre, saupoudré de 5 centigrammes d'a-
cétate de morphine. Les 27, 28, 29 et 30, même état;
difficulté d'avaler aucune espèce d'aliment, dépérissement de la malade. 36 jours de maladie et de diète
absolue.

Le 8 novembre, consultation de M. le docteur
Redon, du Villasavary. Diagnostie-gastralgie; prescription : 16 grammes de carbonate de potasse pris
dans un peu d'eau, huile d'olive à la dose de deux
cuillerées à bouche, le matin, à jeun; carbonate de
magnésie, 20 décigrammes; deux fois par jour limonade minérale. La malade n'obtenant aucun amendement de ce traitement, je fais de la médecine expec-
tante jusqu'au 7 septembre; alors application d'un
eautère à l'épigastre, d'un emplâtre d'assafœtida sur
les régions sternale et dorsale. La malade est, à quelque
chose près, dans le même état, ne s'alimentant presque
pas, elle est dans un état de marasme effrayant. La
médication est toujours prise parmi les spasmodiques,
les tempérants et les toniques. Le 20 avril 1845, application de deux cautères à l'épigastre, eau de Vichy;
le 3 mai, magnésie fervesente anglaise, prise à la dose
d'une cuillerée à bouche, dans un peu d'eau fraîche,
le matin à jeun. Le 4 juin, pilules avec 10 centigrammes d'assafœtida, demi-centigramme d'extrait de bel-

ladone et 5 centigrammes d'extrait d'aloès. Cette médication paraît être la seule qui a mis la malade à même de supporter un peu de nourriture et à reprendre un peu de force pour lui permettre de faire le voyage de Campagne, afin d'y prendre les eaux et les bains. Ce fut vers la fin d'août 1845 qu'elle se rendit à cet établissement ; elle y resta trois semaines, au bout desquelles elle recouvra complètement la santé, après onze mois de maladie.

Voilà un cas de gastralgie qui a parcouru toutes les phases, qui n'a cédé à aucune des médications entreprises pour la combattre, et qui a trouvé une heureuse fin dans les eaux de Campagne. Ces eaux exercent une action vraiment sédative sur le système nerveux.

Dr BONNERY *signé*.

12e OBSERVATION : *Fièvre intermittente rebelle avec engorgement considérable de la rate.* — Une demoiselle de 18 ans, de la commune d'Homps (Aude), d'un tempérament lymphatique, était atteinte, depuis plus d'un an, d'une fièvre intermittente rebelle. Le quinquina avait été administré dans toutes les formes pour combattre cette affection ; il n'était parvenu qu'à suspendre, pour quelques jours, les accès ; ceux-ci revenaient toujours et avaient fini par déterminer un engorgement considérable de la rate. Consulté en mai 1842, je prescrivis les eaux de Campagne en boisson et en bains ; la malade revint des eaux au bout d'une vingtaine de jours, parfaitement rétablie et de sa fièvre intermittente et de l'engorgement viscéral.

13e OBSERVATION : *Vomissements chroniques.* —Une

dame d'Olonzac (Hérault), âgée de 40 ans, était affectée de vomissements chroniques. La malade avait consulté les médecins les plus expérimentés de la contrée : les uns avaient cru reconnaître une gastrite chronique, et avaient conseillé un traitement antiphlogistique ; les autres avaient considéré la maladie comme nerveuse, et avaient recommandé les antispasmodiques. Ces deux méthodes de traitement avaient complètement échoué. Les eaux de Campagne, que la malade prit en 1842, d'après mes conseils, parvinrent à arrêter les vomissements. Toutefois, peu de temps après son retour des eaux, les vomissements reparurent et devinrent aussi fréquents et aussi rebelles que jamais : j'ordonnai de nouveau les eaux de Campagne, en 1843. Les vomissements se calmèrent comme la première fois et ne reparurent plus.

Dʳ Bauguil *signé*.

14ᵉ Observation : *Hématémèse.* — Mᵐᵉ. Darzens, de Laure, âgée de 42 ans, d'une constitution délicate, avait éprouvé, pendant l'hiver 1837 — 1838, de petits vomissements de sang, auxquels elle attacha d'abord peu d'importance. L'année suivante l'hématémèse reparut avec tant d'intensité que, tous les dix ou quinze jours, elle vomissait, sans douleur à l'épigastre, six ou huit onces de sang assez vermeil. Ces vomissements étaient précédés d'une toux légère : l'anorexie, les lassitudes et la maigreur devinrent très considérables. Quoique soumise à un traitement convenable, la maladie persista et continua à faire des progrès jusqu'après trois jours que la malade fut ren-

due, d'après mon avis, aux eaux de Campagne; le 4e
jour (16 août 1839) l'appétit revint, la couleur de la
peau perdit insensiblement de sa pâleur, et Madame
Darzens se retira, le 30 août, presque entièrement
rétablie. Depuis cette époque elle jouit d'une bonne
santé.

15e OBSERVATION : *Chlorose.* — Mlle. Anne Darzens,
de Laure, âgée de 17 ans, d'un tempérament sanguin, était atteinte depuis deux ans (1839) d'une
chlorose portée à un très haut degré : la pâleur, la
décoloration de la peau, la faiblesse étaient extrêmes,
les palpitations étaient fortes au moindre mouvement;
un traitement usité en pareil cas fut administré sans
succès. Je conseillai les eaux de Campagne, où la
malade resta du 15 août 1839 jusqu'au 5 septembre;
l'appétit commença d'abord à se faire sentir, les forces augmentèrent progressivement, tout rentra dans
l'état normal, et le 10 octobre, même année, les
menstrues parurent pour la première fois, et depuis
Mlle. Darzens se porte à ravir.

16e OBSERVATION : *Affection nerveuse apyrétique.* —
Mme Lignères, de Laure, âgée de 39 ans, d'un tempérament éminemment nerveux, fut saisie, au commencement de 1840, de frissons qui durèrent jusqu'au mois d'août; les lassitudes, le dégoût pour les
aliments ainsi que pour les affaires du ménage, une
nostalgie continuelle, etc., se manifestèrent; elle
passait la nuit dans des rêvasseries pénibles et effray-
antes; elle était dans un découragement total, lorsque
après un mois de traitement puisé dans les moyens

hygiéniques, antispasmodiques, etc., elle ne trouva aucun amendement dans son état. Je lui conseillai de faire le voyage de Campagne, qu'elle effectua le 14 août 1840. Le cinquième jour qu'elle eut commencé de faire usage des eaux, l'appétit revint, la dysurie qui la tourmentait depuis trois mois céda progressivement, et le 1er septembre elle quitta l'établissement satisfaite de l'effet salutaire qu'avaient produit les eaux de Campagne sur son état qui s'est amélioré de plus en plus, et Mme. Lignères est aussi fleurie qu'à l'âge de 20 ans. L'année d'après elle accoucha heureusement d'un garçon bien et dûment constitué.

17e OBSERVATION. — M. L..., de Villegly, âgé de 48 ans, doué d'un tempérament très fort et éminemment sanguin, éprouvait depuis deux ans, presque tous les jours à son lever, des quintes de toux si fortes qu'elles lui fesaient jeter une quantité abondante de salive glaireuse. En 1844, je lui conseillai d'aller boire les eaux de Campagne; vers la fin d'août il se rendit à cet établissement, y prit les eaux pendant 20 jours, et s'en revint d'autant plus satisfait, que les quintes de toux ne le fatiguaient plus; et M. L... jouit aujourd'hui d'une santé parfaite.

Dr MIGNARD signé.

Castelnaudary, 29 Avril 1845.

MON CHER BONNAFOUX,

La maladie de ma femme d'abord, et puis mes nombreuses occupations, ne m'ont pas permis de recueillir toutes les observations pratiques que j'ai de-

vers moi, concernant les eaux de Campagne. J'ai à
me féliciter des nombreux succès que j'ai obtenus dans
les affections des voies urinaires, telles que gravelles,
néphrites, etc., puis dans les chloroses, leucorrhées,
gastralgies, fièvres opiniâtres, affections lymphatiques, etc. Je ne finirais pas si je voulais énumérer
tous les cas morbides qui ont cédé à l'usage de ces
eaux ; mais je ne puis me dispenser d'ajouter que je
n'ai pas trouvé d'affection bilieuse qui ait résisté à ce
traitement. — Reçois, etc.

D<sup>r</sup> Bosc signé.

18<sup>e</sup> OBSERVATION : *Fièvre nerveuse inflammatoire (méningite.)* — Mme. B..., de Caunes, âgée de 32 ans,
d'un tempérament lymphatico-nerveux, d'un embonpoint remarquable, saisie d'une ancienne et vive fray-
eur par l'explosion d'un fusil qu'elle soupçonna être,
à raison, déterminée par l'imprudence d'un de ses
enfants, fut forcée de s'aliter.

La nuit qui a suivi l'accident a été marquée de lassitude, de frissons, d'insomnie, de rêvasseries, d'agi-
tations, etc.; le lendemain s'est passé comme la nuit
précédente; les jours suivants, pouls fébrile, peau
chaude au toucher, soif ardente, figure animée, yeux
brillants, commencement de délire; les jours subsé-
quents, délire violent, loquacité interrompue, mouvements du corps désordonnés, réaction générale
très prononcée.

N'ayant pas été appelé le premier à donner mes
soins à la malade, je dois ces détails à l'obligeance
de mon très honorable confrère M. Cabrié, médecin

et praticien distingé à Carcassonne. Force saignées
et nombre considérable de sangues, secondées de dé-
rivatifs puissants dirigés tant sur la périphérie du corps
que sur l'étendue du tube intestinal, ont été opposées
plus ou moins avantageusement, pendant plusieurs
septénaires, contre cette *fièvre nerveuse inflammatoire (méningite.)*

Appelé à donner mes soins à Mme. B..., en qualité de médecin ordinaire, et seulement au quaran-
tième jour de sa maladie, je constatai ce qui suit :
faiblesse et prostration générale, décubitus dorsal
constant, position des membres inférieurs très indé-
cente, regard hagard, la figure exprimait l'insoucian-
ce, l'hébêtement, la stupidité; trouble peu grave
d'ailleurs de la filiation des idées, tendance à l'assou-
pissement; la malade accusait quelquefois de la céphalalgie surtout à la protubérance occipitale, dureté
remarquable de l'ouïe, parole embarrassée, saccadée,
entrecoupée, brève; figure peu colorée, pommette
gauche vivement injectée, langue recouverte d'un enduit sale peu adhérent, gencives douloureuses, sai-
gnantes, ébranlement général de toutes les dents (ces
deux phénomènes sont le résultat de l'administration
intempestive et très imprudente d'une potion qui renfermait plus de deux grammes de proto-chlorure de
mercure ordonnée par mon prédécesseur, officier de
santé à Caunes, et administrée, jusqu'à extinction,
par des prises très rapprochées), appétit nul, respiration entrecoupée, parfois gênée, difficile et haute;
toux rare et suivie de l'expulsion de crachats jaunes;

8

et parfois légèrement sanguinolents. L'exploration de l'abdomen, par la palpitation et la percussion, me fournit de la matité dans les régions épigastriques et de l'hypocondre droit; le reste de l'abdomen, jusqu'à l'ombilic, présentait les mêmes phénomènes, plus de l'empâtement dans le flanc gauche et l'hypocondre du même côté; selles très irrégulières et fréquentes; le pouls était petit et fréquent; la peau âcre, sèche, la soif modérée; urine claire, limpide et aqueùse; amaigrissement général, commencement d'escare gangréneuse au sacrum.

Tel est l'ensemble exact et fidèle des phénomènes qui se sont présentés à moi lors de mes premières visites. Mais la maladie, loin d'affecter encore cette simplicité dans les différentes phases de son développement, se démontra au contraire à mon analyse avec complication d'un des plus redoutables éléments : je veux parler de l'ataxie. Ainsi, il m'a été facile de constater, à côté d'une respiration normale et par 75 pulsations artérielles, une soif ardente, maux de tête violents, chaleur du corps mordicante, peau sèche et les extrémités brûlantes; une autre fois, tantôt le pouls dur, fort et vite; la respiration haletante et difficile, et alors point de céphalée, au contraire, pâleur remarquable du visage, froid à la tête et chaleur incommode aux extrémités; tantôt sentiment d'une chaleur vive dans toute la moitié droite du corps, et de froid au côté opposé; suffocation, agitation, rêvasserie; à côté d'un pouls mou, petit, dépressible, calme parfait d'esprit; tranquillité d'ame, par un pouls relevé fréquent (120 pulsations), accompagné de soubressauts dans les tendons et de la carphologie.

En présence des phénomènes aussi divers de forme et de nature, il n'y avait de constant que l'adynamie, que l'anéantissement complet des forces vitales. Cet état de choses dura, avec toutes les variantes, environ un mois, temps pendant lequel la maladie, jusqu'alors de nature éminemment nerveuse, paraissait se juger favorablement par un mouvement fluxionnaire biliaire général, signalé notamment par la turgescence de cette humeur vers les voies basses. Dèslors ictère général très prononcé, déjections alvines bilieuses très fréquentes, émission d'une urine fortement colorée en jaune-vert foncé, colorant de la même couleur les parois du vase qui la recueillait ; crachement de la même matière. Un autre mois s'est écoulé depuis l'apparition de ces épiphénomènes si extraordinaires, et cependant point d'amélioration, au contraire, tendance à la dissolution et à la désagrégation des molécules vivantes ; irruption des affinités chimiques ordinaires, à la désorganisation de la substance organique du corps, augmentant tous les jours ; rupture d'équilibre dans les liens sympathiques ou de rapports entre les divers organes soumis aux mouvements d'une réaction générale ou de sur-excitation locale, m'ôtaient tout espoir d'une guérison possible, et, au contraire, me rapprochaient d'une terminaison funeste.

Voilà pour mon espoir. C'est donc au milieu des perplexités de ce genre que j'ai arrêté ma conduite

dans une expectation générale, subordonnant toute
mon activité à l'opportunité pressante de certains
symptômes prédominants.

Sauf les bains généraux, dont l'administration était
quotidienne, l'usage des limonades gazeuses, la médication proprement pharmaceutique ne trouvait
d'application que de loin en loin. Nous étions à un
des mois les plus chauds de l'année, Madame B.....
comptait près de quatre mois de maladie, un mieux
sensible se fesait sentir dans sa santé; néanmoins,
dans ma dernière entrevue avec le docteur Cabrié,
nous n'avions pu rien déterminer de concluant, parce
que nous n'avions rien de favorable sur l'état de
Mme. B.... A cette époque j'avais ordonné à la garde-
malade de faire lever ma cliente, d'habituer progressivement ses membres à la supporter; de plus, les
promenades au grand air, dans une voiture, lui furent
recommandées. Mes efforts ne tendaient qu'à pouvoir
obtenir suffisamment des forces. pour que la malade
pût supporter un voyage de dix lieues, c'est-à-dire
pour franchir l'espace qui sépare Caunes de l'établissement des eaux de Campagne. Mes désirs furent
couronnés d'un plein succès; et, chose surprenante,
j'envoie aux eaux une malade dont toute sa famille
ainsi que ses amis désespéraient de voir arriver à
sa destination; je dois l'avouer, ma témérité fut grande,
surtout en présence de la conviction où j'étais, où je
me trouvais que la dernière médication où je m'ac-
crochais ne serait pas plus heureuse que les précé-
dentes; d'un autre côté, je ne devais, je ne pouvais

laisser m'échapper le peu de saison favorable qui me
restait et que je considérais, bien faiblement pourtant,
comme la seule ancre de salut. Des lipothymies, des
syncopes furent les seuls accidents alarmants qui se
montrèrent pendant son voyage, qui dura deux jours.
Arrivée à l'établissement, entourée des soins de mon
estimable confrère, M. Espezel, la malade fut soumise à l'usage des eaux : d'abord, elle les supporta
difficilement; mais elles passèrent bien, du moment
qu'on les coupa avec du lait, et, sous peu de jours,
cinq verres, répétés trois fois dans la journée, furent
facilement tolérés; elle continua ainsi à prendre les
eaux en boisson et en bains. J'avais tout l'intérêt possible de savoir des nouvelles de ma malade; et ma
surprise fut bien grande quand j'appris qu'après le 5me
jour de son arrivée à Campagne, Mme B..... avait
repris assez de force pour se promener au grand air,
au bras de son mari. Les progrès vers la santé furent
si rapides, que je refusai obstinément de croire aux
nouvelles qui me le confirmaient. Un mois, en tout, de
séjour aux eaux de Campagne, a suffi pour sauver
cette très intéressante malade.

19e OBSERVATION : *Accès fébriles à type intermittent
et tierce.* — Jean Estève, de la commune de Manses,
canton de Mirepoix *(Ariége)*, âgé de 21, tempérament
nervoso-lymphatique, peau blanche et délicate, formes
arrondies, complexion généralement faible, vint me
consulter au mois de juin 1844. Ce malade était atteint
depuis deux ans d'accès fébriles à type intermittent et
tierce. Il avait en vain cherché, dans le conseil de

divers médecins, le moyen de s'en débarrasser. Les antifébrifuges, administrés sous toutes les formes et à toutes les doses, ne lui avaient procuré que des succès variables.

Frappé de l'état d'amaigrissement de mon consultant, des traits de sa figure rétractés, crispés, de son teint jaune, de ses yeux caves et enfoncés dans les orbites, et surtout de cette fixité dans les paroxismes, je n'ai douté un seul instant de l'existence de quelque lésion organique, notamment des viscères placés dans la cavité abdominale. L'examen consécutif m'avait pleinement confirmé dans mes premières pensées : effectivement, j'ai trouvé le foie et la rate sensiblement augmentés de volume et de consistance, et il m'a été facile de suivre par là percussion les sons mats jusqu'au-dessous de l'ombilic, s'étendant de cette région dans tous les sens de la rate et se prolongeant jusqu'à près de 8 centimètres de la crête iliaque gauche.

D'autre part, la langue était rouge à sa pointe, pointillée sur les bords ; l'épigastre douloureux et sensible à la pression ; sensation de pesanteur et de plénitude incommodes dans cette région, douleur cuisante s'éveillant après l'injection de n'importe quelle boisson ou aliment, inappétence, peau chaude et sèche, pouls faible et serré, tristesse, morosité, douleurs lancinantes dans les hypocondres, hémicranie et constipation habituelle. Dès-lors, n'ayant plus de doute que la rebelle opiniâtreté des fièvres intermittentes étant d'abord la cause première de l'engorgement, de l'état d'atrophie de ces deux organes, la lésion actuelle ne

fut devenue cause à son tour de lésion grave de la digestion et de l'assimilation, de la permanente fixité des
accès intermittents; de manière que l'une réagissant
sur l'autre, comme le ferait d'abord la cause détermi-
nante sur son effet et *vice versà*, ces deux états se
seraient mutuellement entretenus. Dès-lors, il m'a été
facile de comprendre l'étendue de tous ces troubles
fonctionnels : ainsi, de l'obstruction hépatique est
venue l'opiniâtre constipation, trouble dans la sécrétion biliaire, rupture par conséquent entre cette dernière fonction et celle d'excrétion; il s'ensuit, comme
conséquence, la résorption de cette humeur, d'où
provient la couleur jaune universelle de la peau;
trouble dans la nutrition et l'assimilation des particules
de la substance organisée; de là, enfin, comme dernier résultat, *l'étisie, l'émaciation, la consomption de
soi-même.* C'est donc ce dernier état que je me suis
attaché, pendant près de deux mois, très particulièrement, à combattre, et, n'ayant pu obtenir que des
effets médiocres, je me suis décidé d'envoyer mon
malade aux eaux de Campagne.

Et ici il me suffira de dire que l'usage de ces eaux,
pendant un mois, tant à l'intérieur qu'en bains et
douches, ces dernières dirigées principalement sur les
organes hypertrophiés, a outre-passé de beaucoup
mes espérances; car, en voyant mon malade, deux
mois plus tard, frais, coloré, gagnant énormément
de l'embonpoint, dispos, jovial, je ne pouvais en
croire mes yeux. L'examen de son ventre ne m'a
laissé actuellement que des traces peu sensibles de

son affection primitive. A l'heure que je rédige cette observation, j'ai l'occasion de voir ce malade, et je tiens de ses propres aveux que l'effet curatif des eaux de Campagne ne s'était démenti chez lui un seul instant. Aujourd'hui il est radicalement guéri et jouit de tous les attributs d'une bonne et parfaite santé.

20ᵉ Observation : *Dyssenterie rhumatismale avec prédominance nerveuse.* — Paul Laurent, de Seigneuries *(Ariége)*, âgé d'environ 40 ans, d'un tempérament bilioso-nerveux, d'une complexion sèche, d'une constitution chétive et faible, d'un caractère mobile et très irritable, tourmenté depuis plusieurs années de besoins pressants et presque continuels d'aller à la garde-robe, ténesme, sans déjections réelles, ne rendant pour toutes selles que des mucosités mêlées de sang et rarement de véritables matières fécales, coliques au bas-ventre, peu de fièvre, langue large, humide et légèrement blanchâtre. Ce malade, ayant déjà consulté bon nombre de praticiens des environs, vint enfin me trouver; il me déclara avoir été saigné et entouré d'un nombre considérable de sangsues, à différentes reprises, ce qui le réduisit, prétendit-il et à juste titre, dans l'état de dessèchement où il se trouvait actuellement.

Pensant que cette irritation convulsive du gros intestin pouvait avoir un tout autre élément productif, et sur lequel mes confrères se seraient mépris, induisant naturellement que le début de la maladie datait de la suppression de la fonction antagonistique de la membrane muqueuse intestinale, exaspérée surtout

par l'exploration ultérieure de l'intestin rectum ; que
le cas morbide du sujet de cette observation ne pouvait aucunement être attribué à une fissure ou à la
présence d'aucune espèce de tumeur dans cette partie ;
d'autre part, l'absence totale des signes annonçant une
phlogose, ceux des saburres n'existant qu'à un faible
degré ; vu l'exaltation extrême de la sensibilité de mon
malade, j'ai conclu avoir affaire à une de ces dyssen-
teries rhumatismales avec prédominance nerveuse.

L'emploi tour-à-tour d'ipécacuanha, d'émulsions
mucilagineuses, de la manne alliée au tamarin, des
liniments antispasmodiques et opiacés, des lavements
de même nature, secondés d'un régime analeptique
et restaurant, a non-seulement confirmé mon diagnos-
tic, mais encore couronné d'un plein succès l'application de ma méthode thérapeutique.

Deux mois d'un calme parfait et d'un mieux crois-
sant semblaient assurer déjà la guérison de mon malade, lorsqu'un jour il vint me trouver de rechef pour
me demander de nouveaux conseils ; trouvant cependant dans l'état de sa santé une modification assez
favorable, je n'ai pas cru devoir hésiter un seul instant à poursuivre ma méthode curative, me conformant
en tout point à mes idées primitives : un vésicatoire
placé sur le bas-ventre, l'opium ou ses préparations
à l'intérieur, associé à l'angelique, à l'arnica, à la valériane, furent tour-à-tour administrés.

De l'efficacité de ces divers agents, j'ai reçu effectivement une garantie non équivoque ; mais il y avait
encore quelque chose, sinon beaucoup, je dirai même

*tout à désirer.* La peau était jusqu'alors d'une sécheresse désespérante, rude et âpre au toucher, de couleur terreuse ; l'appétit ne se relevait pas encore, il y
avait un mouvement fébrile tous les soirs ; cela m'in-
quiétait beaucoup , craignant pour des suites plus
fâcheuses encore. Je voulais employer les bains généraux comme excellent moyen qui m'avait d'ailleurs
réussi plusieurs fois dans des cas à peu près analogues ;
j'ai donc suspendu toute médication pharmaceutique
et me suis empressé d'envoyer mon malade aux eaux,
que son cas morbide réclamait. J'ordonne par conséquent à mon malade de se rendre sans retard à l'établissement thermal de Campagne et d'y séjourner pour
le moins un mois. Je le fais soumettre d'abord à l'usage
journalier des bains de siége prolongés ; puis progressivement aux bains entiers ; les eaux en boisson à la dose
de quatre verres par jour, coupées en commençant
avec la décoction de valériane, puis l'eau naturelle
seule jusqu'à concurrence de huit verres répétés trois
fois dans la journée.

Au cinquième jour, mon malade allait déjà bien,
et il me disait, dans une de ses lettres, de ne pas pouvoir *suffire de chemises pour parer à l'abondante sueur
qui se manifestait*, et qu'il se trouvait en peine surtout
*de satisfaire complètement son appétit.*

A son retour des eaux, Paul Laurent se présenta
chez moi pour me témoigner sa reconnaissance et me
confirmer que *sans ces eaux il était irrévocablement
perdu.* J'ai trouvé en effet chez mon convalescent ce
que je désirais si ardemment : souplesse de la peau,

embonpoint déjà remarquable, appétit bon, digestion facile, ventre libre, plus de coliques, point de ténesmes, cessation complète du flux dyssentérique, en un mot, retour à la parfaite santé.

Il y a un mois que j'ai revu mon malade, je l'ai très bien trouvé, et il m'a assuré que jamais il ne s'était aussi bien porté que depuis son retour des bains de Campagne.

21e OBSERVATION : *Rachitisme ; carreau.* — Dangarre, âgé de 5 ans, de Lavelanet *(Ariége)*, soumis depuis long-temps aux conseils des médecins de cette ville, ainsi qu'à ceux des environs, et toujours sans résultats notables.

Les parents de cet enfant n'épargnaient, de leur côté, rien qui eût pû retarder et assurer la guérison de leur unique garçon. Appelé, il y a un mois, pour donner mes soins à ce petit malade, voici la situation dans laquelle je l'ai trouvé : Établi dans une chaise percée, plié pour ainsi dire en deux, sa tête volumineuse touchant du menton les genoux; sa physionomie large, ridée et vieillie; ses cheveux peu formés et rares, son menton très allongé, ses dents striées transversalement et pour la plupart cariées ; sa voix fêlée, chevrotante; sa morosité et sa taciturnité représentant fidèlement le tableau d'un satyre ; d'autres parts : déviation sensible de la colonne vertébrale, la longueur des bras disproportionnée à celle de la taille, la poitrine resserrée, creuse et comme enclavée dans les épaules; la proéminence du ventre, son excessive dureté et son développement comparés à la sécheresse,

à l'atrophie presque complète des membres inférieurs,
joints à l'immobilité générale du corps, aux exhalai-
sons d'une atmosphère urineuse et fécale très fétides
au milieu de laquelle vivait, depuis près de deux ans,
le petit Dangarre, donnait à l'ensemble, à part l'idée
d'un rachitisme et d'un carreau, quelque chose d'ab-
ject et de hideux.

Cependant, j'appris de la mère que le petit malade
était, jusqu'à l'âge de trois ans, l'image de la santé ;
qu'ayant eu à cette époque un *cours de ventre* que,
d'après son propre aveu, elle avait un peu négligé,
il devint faible, ses digestions se troublèrent, il perdit bientôt ses forces, et ne pouvant plus se mouvoir
ni se soutenir, on a eu l'idée de l'assujettir sur cette
chaise percée qui, depuis, est devenue pour lui un
meuble à tout usage. Instruit sur la première cause,
je ne me suis préoccupé que de ses terribles effets.
Ayant moi-même peu d'espoir, je ne pouvais guère
en établir pour les parents, qui insistèrent cependant
pour connaître mon opinion. Passant alors en revue
les phénomènes généraux actuels, et tenant compte
de ceux qui les avaient précédés, j'ai constaté que
mon petit malade n'avait pas de fièvre, qu'il éprouvait
même parfois de l'appétit ; mais que les digestions
étaient un peu paresseuses et lentes : à part cela le
petit Dangarre dormait bien et n'était assujetti à aucune perturbation abdominale. J'entrepris donc, avec
une grande réserve, le traitement ; mais que pouvais-
je espérer ? et jusqu'où pouvait tendre l'idée d'une
guérison que j'ai conçue pourtant ? Assurément je pré-

-tendais beaucoup; mais je n'avais rien à craindre de ma témérité, attendu que j'envisageais mon malade plutôt comme une chose et non comme une créature destinée à parcourir les phases de la vie ordinaire.

Trois mois à peine se sont écoulés, qu'un traitement anti-scrofuleux et fortifiant, composé de préparations ferrugineuses et orifères, opposé contre les terribles dysérasies rachitiques et scrofuleuses, a déjà emmené un tel rétablissement, que le malade, condamné jusqu'alors à l'immobilité comme paralytique, par le repos et l'immobilité presque absolue des membres inférieurs, commença à se lever pour la première fois, depuis près de deux ans, sur ses jambes, sans le secours d'un aide.

Nous étions à la fin du mois d'août, j'ordonne aux parents de prendre leur enfant et de se rendre aux eaux de Campagne : là, et d'après mes ordonnances, on dirige, à l'aide des douches descendantes, des colonnes d'eau à la température de 20 à 25o Réaumur; j'ordonne que ces douches soient principalement dirigées sur le trajet de la colonne épinière, sur le sacrum et, successivement, sur le ventre, ainsi que sur l'origine des nerfs sciatiques; en outre, l'eau en boisson, huit verres (*maximum*) dans la journée, mélangée avec parties égales de décoction de chicorée et édulcorées avec du sirop anti-scorbutique du codex.... Eh bien! un mois de séjour aux eaux de Campagne a déterminé chez le petit Dangarre un bien immense; je dirai un changement si miraculeux, qu'avant cette époque on l'avait considéré désespéré, abandonné,

délaissé des médecins et condamné, par le *vox po-
puli*, à une mort presque certaine. Depuis lors, le
petit Dangarre court journellement les rues de Lavelanet, donne, par sa présence, un démenti au juge-
ment anticipé qu'on a porté contre lui; son intelli-
gence se développe parfaitement bien et semble se
révolter contre l'idée des souffrances qu'il a éprouvées.
J'ai occasion de voir mon ancien petit malade toutes
les semaines, et j'ai la satisfaction de constater que la
gibbosité de la colonne épinière s'est effacée totalement; j'ai même lieu de croire qu'avec la progression
de l'âge, le système osseux s'affermira davantage, et
qu'en persistant surtout dans l'emploi des eaux de
Campagne, pendant quelques années, on parviendra
à effacer cette difformité, comme elles ont déjà fait
fondre les indurations des glandes mésantériques.

D<sup>r</sup> GYBOUSKI *signé*.

22e OBSERVATION : *Catarrhe chronique de la vessie.*
—M. Calmet, de Lauraguel, arrondissement de Limoux (Aude), âgé de 52 ans, fut opéré, en novembre 1843, d'un calcul viscéral par la litostritie. Complètement débarrassé de son affection calculeuse, il
était tourmenté par un catarrhe chronique de la vessie, suite inévitable du séjour prolongé de la pierre
dans cet organe (dix ans). L'hypogastre était légèrement douloureux à la pression, et le malade rendait
des urines mêlées d'une matière mucoso-purulente fort
abondante. Il se rendit, d'après mes conseils, aux
eaux de Campagne, qu'il prit à l'intérieur et en bains.
Une effection hémorroïdale violente le força d'y sé-

journer long-temps ; il n'y resta que huit jours, et cependant son état s'améliora d'une manière notable.
Cette amélioration a progressé jusqu'au 3 avril 1845
et a fini par céder complètement aux eaux et aux
bains qu'il reprit à la saison dernière.

23e Observation : *Entérite chronique.* —Mlle D...,
de Limoux, âgée de 32 ans, fille de service, d'un
tempérament lymphatique, était affectée, depuis 2
mois, d'une entérite chronique. La malade souffrait
de coliques parfois très violentes, suivies de fréquentes évacuations alvines ; les souffrances ne permet-
taient pas à la malade de se tenir droite, et elle était
obligée de marcher le corps penché en avant. Dans
cet état, elle put à peine supporter la voiture pour se
rendre aux eaux de Campagne ; elle y resta 15 jours,
et, sous l'influence des eaux prises à l'intérieur et en
bains, son affection disparut complètement.

Dr Homps signé.

24e Observation : *Gastro-duodénite chronique ; douleur rhumastimale de l'articulation scapulo-humérale
droite.* — Je ne saurais mieux faire que de rapporter
textuellement la lettre que m'a adressée, le 25 juin
1837, M. le docteur Bonnet, de Montolieu.

« Monsieur et honoré Confrère,

» La gastro-duodénite dont j'étais atteint et pour
laquelle je m'étais rendu aux eaux de Campagne, a
presque totalement disparu. L'appétit est revenu, mes
digestions sont faciles ; la douleur et la tension que
j'éprouvais dans l'hypocondre droit ont cessé ; mon

ventre est devenu libre comme avant cette longue et pénible affection ; mon teint a perdu cette teinte jaune-paille qui caractérise cette maladie, et j'ai repris, en partie, mon ancien embonpoint. Grâces soient donc rendues aux eaux de Campagne, qui ont si notablement amélioré ma santé que je croyais détruite pour toujours. Il n'est pas jusqu'à une douleur rhumatismale, que j'éprouvais depuis plusieurs années à l'articulation scapulo-humérale droite, qui n'aie été guérie par l'usage des bains et des douches des eaux de cet établissement. Je dois convenir que la confiance que j'avais dans ces eaux, pour les affections des organes digestifs, ne s'étendait pas jusqu'aux affections rhumatismales ; mais c'est avec plaisir que je reconnais mon erreur.

» La femme Rosalie Diviez, de Montolieu, qui était à Campagne en même-temps que moi, y a laissé les douleurs rhumatismales chroniques pour lesquelles elle s'était rendue à cet établissement thermal.

» D'après ces faits, je suis convaincu de l'efficacité de ces eaux dans le traitement des affections rhumatismales et de celles qui occupent les organes digestifs. Quant aux autres affections contre lesquelles elles pourraient être mises en usage, c'est à vous qui êtes sur les lieux, et qui êtes à portée d'en apprécier les effets, de les signaler à mes confrères, pour que justice soit enfin rendue à un établissement trop négligé. Daignez, etc. »

Dr BONNET *signé.*

25e OBSERVATION : *Gravelle jaune.* — M. Molinier,

chevalier de la légion d'honneur, ancien officier de
dragons, sous Napoléon, et propriétaire à Viallalbe
près Carcassonne, souffrait vivement d'une affection
graveleuse, pour laquelle MM. les docteurs Cabrié
et Bellemanière lui prodiguèrent leurs soins : une légère amélioration fut le seul bien qu'ils retirèrent des
divers traitements auxquels ce malade fut soumis.
Sur l'avis de M. Bellemanière, M. Molinier se rendit
à Campagne pendant la saison de 1834. Quelque
temps avant son arrivée à l'établissement, M. Molinier
avait vu s'expulser, du canal de l'urètre, trois petits
graviers du volume chacun d'une lentille ordinaire,
de forme triangulaire et de couleur jaune. Aux premières doses d'eau qu'il prit, il s'aperçut et me fit
apercevoir que les urines qu'il rendait, et qu'il avait
le soin de recueillir dans un pot, présentaient un sédiment considérable d'une matière ocrasée, semblable
à celle des graviers; ce sédiment diminuait au fur et
à mesure qu'il faisait usage des eaux et des bains; et
lorsque M. Molinier partit de l'établissement, je pus
constater d'une manière certaine que les urines ex-
crétées étaient claires comme celles des buveurs ordinaires. Depuis cette époque, M. Molinier a fréquenté
les eaux de Campagne toutes les années, non par
besoin, mais comme moyen hygiénique; car il n'a
plus revu de graviers, ni ses urines n'ont plus repré-
senté le phénomène qu'elles avaient offert lors des premières doses de ces eaux.

26e OBSERVATION : *Gravelle blanche.* — Sujet à la
gravelle depuis plusieurs années, M.*** se plaignait de

fatigue, de pesanteur dans la région des reins, de douleurs pénibles qui pouvaient être comparées à celles
d'un déchirement profond ; il y avait flatulence, éruc-
tàtions, quelquefois même nausées et vomissements.
Les moyens conseillés et mis en usage n'ayant produit que de demi-succès, j'envoyai mon malade aux
eaux de Campagne. Pendant le mois que M.*** y passa,
ses urines, que je faisais recevoir dans un vase, m'of-
frirent un sédiment très considérable de matières blan-
châtres, auxquelles succédèrent bientôt l'expulsion de
vingt graviers plus ou moins volumineux, de même
couleur, de forme anguleuse, irrégulière et de consistance variable. A dater de ce jour, les urines ne
déposèrent plus la même quantité de sédiment et fini-
rent, commme dans l'observation précédente, par
devenir tout à fait claires. Depuis sept ans ( 1838 ),
M.*** jouit de la plus brillante santé et n'a plus eu de
récidiye.

Voilà, certes, deux observations qui me paraissent
assez concluantes pour établir la vertu lithontriptique
des eaux de Campagne. Mon honorable confrère, le
docteur Bosc, de Castelnaudary, a constaté tout comme moi ces mêmes propriétés ; et ce sera désormais
aux médecins expérimentés à compléter, par les cas
qui s'offriront à leur examen, l'emploi d'un agent
thérapeutique qui était resté ignoré jusqu'ici et qu'on
avait limité seulement à un très petit nombre d'établissements thermaux.

Pour moi, ma tâche est remplie. En faisant connaître à mes confrères les différentes propriétés des

eaux de Campagne; en exposant les faits sur lesquels repose ma conviction; en les invitant à répéter mes expériences, j'acquitte un devoir de conscience et la part du tribut que nous devons tous, comme médecins, à la science et à l'humanité.

Dr BONNAFOUX.

Saint-Hilaire, le 1er Juin 1846.

***

# PRIX ÉTABLIS.

—

PREMIÈRE TABLE (Chambre comprise). 4 f. » c.
SECONDE TABLE (Chambre comprise). . 2 50
BAIN. . . . . . . . . . . . . . . . . » 75

On traite de gré à gré, avec le Propriétaire, pour le Service particulier.

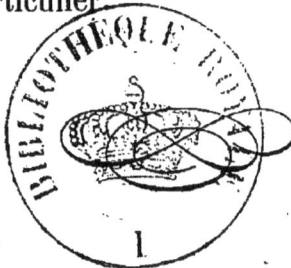